# Das
# Preußische Kirchengesetz
betreffend
## Abänderungen der kirchenpolitischen Gesetze

vom 29. April 1887

erläutert

von

Dr. Paul Hinschius
Geheimem Justizrath und ordentlichem Professor des Kirchenrechts
an der Universität Berlin.

**Nachtragsheft**

zu der

Ausgabe des Preußischen Kirchengesetzes vom 21. Mai 1886.

Berlin und Leipzig.
Verlag von J. Guttentag
(D. Collin).
1887.

Buchdruckerei von Gustav Schade (Otto Francke) in Berlin N.

# Inhaltsverzeichniß.

# Einleitung zum Gesetz vom 29. April 1887.

Das vorliegende, in diesem Jahre erlassene neue Kirchengesetz, welches die dem Papste von der preußischen Regierung im verflossenen Jahre gemachte Zusicherung der weiteren Revision der Maigesetzgebung verwirklichen soll, greift wieder in so bedeutendem Umfange in das bestehende Staatskirchenrecht ein, daß ein Nachtragsheft zu meiner Ausgabe des Gesetzes vom 21. Mai 1886, um die neu bewirkten Abänderungen zur Anschauung zu bringen, erforderlich geworden ist. Nicht nur hat die Regierungsvorlage im Interesse der Herstellung des Friedens weitere, bisher festgehaltene Rechte des Staates aufgegeben, sondern sie ist auch auf eine nochmalige Revision derjenigen Punkte, in Betreff deren eine solche schon durch das Gesetz von 1886 erfolgt war, zurückgegangen (vgl. Art. 1, Art. 3 und Art. 4), und das Herrenhaus hat mit Genehmigung der Regierung und unter Hinzutritt des Abgeordnetenhauses, wesentlich wieder auf Veranlassung des Bischof Dr. **Kopp**, als Geschäftsträgers der römischen Kurie, die die Rechte des Staates immer mehr verkümmernde Revision noch weiter ausgedehnt, indem es, abgesehen von einzelnen Modifikationen der Regierungsvorlage (Art. 2 §§. 2, 3 und Art. 5 §. 1), noch die Art. 2 §. 1 und § 5, Art. 5 §. 4 und Art. 6 der Vorlage eingefügt hat, so daß nunmehr die von der Kurie zugestandene Anzeigepflicht, deren Ausdehnung bisher nicht einmal in Betreff der Sukkursal-Pfarreien sicher feststeht, zwar so gut wie völlig jedes Werthes entkleidet wird, aber doch jetzt endlich nach der Erklärung des Papstes an den Erzbischof von Köln vom 7. April 1887 „der Zugang zu dem so lange und mühsam erstrebten Frieden eröffnet ist“.

Die fortdauernde Vertrauensseligkeit, für deren Folgen die eben mitgetheilten Worte des Papstes die treffendste Kritik bilden, hat auch diesmal wieder zu einer Vernachlässigung der gesetzgeberisch-technischen Seite der gestellten Abänderungsanträge (vgl. Art. 2 §. 1, §. 3 u. §. 5,

Art. 5 §. 1 und Art. 6) und zur Ablehnung einer Kommissionsberathung im Abgeordnetenhause geführt. Wenn sich dies bei dem gegenwärtigen Gesetz nicht so fühlbar macht, wie bei dem des vorigen Jahres, so liegt die Erklärung darin, daß das neue Gesetz in seinen meisten Vorschriften blos zerstörend in die frühere Gesetzgebung eingreift und keine positiven Bestimmungen aufweist.

Die Materialien — Drucksachen des Herrenhauses von 1887 Nr. 34 (Regierungsvorlage), Nr. 65 (Kommissionsbericht) Nr. 71, 75, 77 und stenographische Berichte desselben über die Sitzungen vom 23. und 24. März 1887 S. 105, 132; Drucksachen des Abgeordnetenhauses 16. Legisl.-Periode II. Session 1887 Nr. 118 und Nr. 127, stenographische Berichte über die Sitzungen vom 21., 22. und 27. April 1887 S. 185, 811 und 921 — ergeben auch diesmal sehr wenig für die juristische Auslegung des Gesetzes.

Daß meine Ausführungen in der Ausgabe des Gesetzes vom 21. Mai 1886 im ultramontanen Lager nicht auf Zustimmung zu rechnen haben würden, habe ich mir von vornherein nicht verhehlt, und ebensowenig hat es mich verwundert, daß sich ein Mitglied des katholischen Juristen-Vereins Dr. jur. Franz Heiner bewogen gefunden hat, in der Schrift: „Wo stehen wir jetzt?“, Dessau 1886, eine besondere Antwort auf meinen Kommentar zu veröffentlichen. Soweit seine Entgegnungen gelegentlich des vorliegenden Gesetzes zu berührende Punkte betreffen, bin ich bei meinen Erörterungen darauf eingegangen. Im Uebrigen finde ich mich blos veranlaßt bezüglich der Aeußerung von Heiner a. a. O. 51, dessen treffende und ruhige Kritik rühmend im Archiv für katholisches Kirchenrecht Bd. 57 S. 210 hervorgehoben wird: „Also Hinschius stemmt sich (!) dagegen, daß für rein geistliche Amtshandlungen Strafmilderungen eintreten. Freilich bei einem Professor, der in einem Nachmittage das Jesuitengesetz sammt Motiven fertig gestellt hat, ist das nicht zu verwundern“, zu bemerken, daß diese Ausführung an dem einen Mangel leidet, daß in ihr eine Unwahrheit behauptet wird, da mein Antheil an dem Jesuitengesetz nur darin besteht, daß ich im Reichstage dafür gestimmt habe.

Beigegeben habe ich der Besprechung des Gesetzes eine Neuredaktion der Gesetze vom 11. Mai 1873, vom 21. Mai 1874 und vom 31. Mai 1875. Dabei sind, wie in dem vorletzten Kommentar — er ist K.G. 1886 citirt —, die durch die kirchenpolitischen Novellen der Jahre 1880, 1882 und 1883 gemachten Aenderungen mit gesperrtem Druck, die durch das Gesetz vom 21. Mai 1886 herbeigeführten mit lateinischem Druck und die durch das jetzige bedingten mit lateinischem und zugleich gesperrtem Druck bezeichnet. Die jetzt noch geltenden Vorschriften sämmtlicher preuzischen Kirchengesetze zu einem einheitlichen Gusse zu verschmelzen — daß dies nicht in der Ausgabe des Gesetzes von 1886 geschehen war, scheint mir Geigel im angeführten Archiv 57, 210 zum Vorwurf machen zu wollen — habe ich weder in der letzteren noch jetzt beabsichtigt, weil es mir darauf ankam und jetzt noch darauf ankommt, jedem Benutzer des Buches die Aenderungen vorzuführen, welche der Text der ursprünglichen Gesetze durch die nunmehr auf die Zahl von fünf angewachsenen Novellen erfahren hat, und darum der offizielle Text, soweit dies angänglich war, beibehalten werden mußte.

I.

# Gesetz,

betreffend

# Abänderungen der kirchenpolitischen Gesetze.

Vom 29. April 1887.

Gesetz-Sammlung 1887. Nr. 9191 S. 127 ff.

Wir Wilhelm, von Gottes Gnaden König von Preußen rc. verordnen, mit Zustimmung der beiden Häuser des Landtages Unserer Monarchie, was folgt:

Artikel 1.

Artikel 2 des Gesetzes vom 21. Mai 1886 (Gesetz-Samml. S. 147) wird, wie folgt, abgeändert und ergänzt:

§. 1.

Die Bischöfe von Osnabrück und Limburg sind befugt, in ihren Diözesen Seminare zur wissenschaftlichen Vorbildung der Geistlichen zu errichten und zu unterhalten.

Auf diese Seminare finden die Bestimmungen des Artikels 2 des Gesetzes vom 21. Mai 1886 Anwendung.

§. 2.

Die beschränkende Bestimmung im Absatz 4 des Artikels 2 des Gesetzes vom 21. Mai 1886 wegen des Besuchs der kirchlichen Seminare wird aufgehoben.

Artikel 2.

Die Gesetze vom 11. Mai 1873 (Gesetz-Samml. S. 191) und vom 11. Juli 1883 (Gesetz-Samml. S. 109) werden, wie folgt, abgeändert:

§. 1.

Die Verpflichtung der geistlichen Oberen zur Benennung der Kandidaten für ein geistliches Amt, sowie das Einspruchsrecht des Staates werden für die Bestellung des Verwesers eines Pfarramts (Administrators, Provisors rc.) aufgehoben.

Das Einspruchsrecht gilt fortan nur für die dauernde Uebertragung eines Pfarramts.

§. 2.

An Stelle des §. 16 des Gesetzes vom 11. Mai 1873 von Nr. 2 ab tritt folgende Bestimmung:

2) wenn der Anzustellende aus einem auf Thatsachen beruhenden Grunde, welcher dem bürgerlichen oder staatsbürgerlichen Gebiete angehört, für die Stelle nicht geeignet ist.

Die Thatsachen, welche den Einspruch begründen, sind anzugeben.

§. 3.

Ein staatlicher Zwang zur dauernden Besetzung der Pfarrämter findet fortan nicht statt. Der §. 18 und der zweite Absatz des §. 19 des Gesetzes vom 11. Mai 1873 werden aufgehoben.

§. 4.

Gerichtliche Entscheidungen gegen Geistliche in den Fällen des §. 21 des Gesetzes vom 11. Mai 1873 haben nicht von Rechtswegen die Erledigung der Stelle zur Folge. Die entgegenstehende Bestimmung a. a. O. wird aufgehoben.

§. 5.

Die Abhaltung von Messen und die Spendung der Sakramente fallen nicht unter die Strafbestimmungen der Gesetze vom 11. Mai 1873 und vom 21. Mai 1874.

Vorstehende Bestimmung findet auch auf Mitglieder von Orden und ordensähnlichen Kongregationen Anwendung, sofern dieselben für das Gebiet der Preußischen Monarchie zugelassen sind.

Die Vorschrift des Artikels 15 des Gesetzes vom 21. Mai 1886 wird hierdurch nicht berührt.

Artikel 3.

Die im Absatz 2 des Artikels 8 des Gesetzes vom 21. Mai 1886 vorgeschriebene Verpflichtung der geistlichen Oberen zur Mittheilung kirchlicher Disziplinarentscheidungen an die Oberpräsidenten wird aufgehoben.

## Artikel 4.

Die §§. 2 bis 6 des Gesetzes über die Grenzen des Rechtes zum Gebrauch kirchlicher Straf- und Zuchtmittel vom 13. Mai 1873 (Gesetz-Samml. S. 205) werden aufgehoben.

## Artikel 5.

Das Gesetz vom 31. Mai 1875, betreffend die geistlichen Orden und ordensähnlichen Kongregationen der katholischen Kirche (Gesetz-Samml. S. 217), wird, wie folgt, abgeändert:

### §. 1.

Im Gebiete der Preußischen Monarchie werden wieder zugelassen diejenigen Orden und ordensähnlicheu Kongregationen der katholischen Kirche, welche sich

a) der Aushülfe in der Seelsorge,

b) der Uebung der christlichen Nächstenliebe,

c) dem Unterrichte und der Erziehung der weiblichen Jugend in höheren Mädchenschulen und gleichartigen Erziehungsanstalten

widmen;

d) deren Mitglieder ein beschauliches Leben führen.

### §. 2.

Auf die wieder zuzulassenden Orden und Kongregationen finden in Beziehung auf die Errichtung der einzelnen Niederlassungen sowie auf die sonstigen Verhältnisse dieselben gesetzlichen Bestimmungen Anwendung, welche für die bestehenden Orden und Kongregationen gelten.

### §. 3.

Die Minister des Innern und der geistlichen Angelegenheiten sind ermächtigt, den bestehenden, sowie den wieder zuzulassenden Orden und Kongregationen die Ausbildung von Missionaren für den Dienst im Auslande, sowie zu diesem Behufe die Errichtung von Niederlassungen zu gestatten.

### §. 4.

Das vom Staate in Verwahrung und Verwaltung genommene Vermögen der aufgelösten Niederlassungen wird den betreffenden wiedererrichteteu Niederlassungen zurückgegeben, sobald dieselben Korporationsrechte besitzen und in rechtsverbindlicher Weise die Verpflichtung zur Unterhaltung der Mitglieder der aufgelösten Niederlassungen übernommen haben. Schon vor der Erfüllung dieser Voraussetzungen kann denselben die Nutznießung dieses Vermögens gestattet werden.

Artikel 6.

Die §§. 4 bis 19 des Gesetzes über die Verwaltung erledigter katholischer Bisthümer vom 20. Mai 1874 (Gesetz-Samml. S. 135) werden aufgehoben.

Urkundlich unter Unserer Höchsteigenhändigen Unterschrift und beigedrucktem Königlichen Insiegel.

Gegeben Berlin, den 29. April 1887.

(L. S.) **Wilhelm.**

Fürst v. Bismarck. v. Puttkamer. Maybach. Lucius.
Friedberg. v. Boetticher. v. Goßler. v. Scholz.
Bronsart v. Schellendorff.

## II.

# Erläuterung

des Gesetzes, betreffend

# Abänderungen der kirchenpolitischen Gesetze.

Vom 29. April 1887.

### Artikel 1.

Artikel 2 des Gesetzes vom 21. Mai 1886 (Gesetz-Samml. S. 147) wird, wie folgt, abgeändert und ergänzt:

§. 1.

Die Bischöfe von Osnabrück und Limburg sind befugt, in ihren Diözesen Seminare zur wissenschaftlichen Vorbildung der Geistlichen zu errichten und zu unterhalten.

Auf diese Seminare finden die Bestimmungen des Artikels 2 des Gesetzes vom 21. Mai 1886 Anwendung.

§. 2.

Die beschränkende Bestimmung im Absatz 4 des Artikels 2 des Gesetzes vom 21. Mai 1886 wegen des Besuchs der kirchlichen Seminare wird aufgehoben.

**Art. 1 §. 1.** Das Gesetz von 1886 hatte blos die Wiedereröffnung der bis zum Jahre 1873 für die wissenschaftlich-theologische Vorbildung bestandenen sog. Klerikal-Seminare gestattet, nicht aber jedem Bischof die Freiheit gewährt, für seine Diöcese eine solche Anstalt zu eröffnen. Der §. 1 ertheilt nunmehr den Bischöfen von Osnabrück und Limburg die Befugniß, derartige Klerikal-Seminare zu errichten, aber auf ihre Kosten (also ohne jeden Anspruch auf staatliche Unterstützung und Beihülfe) zu unterhalten. Außer den bereits nach den Bekanntmachungen des Kultusministers vom 2. Oktober, 11. November 1886 und 4. Februar 1887 wieder eröffneten drei Seminaren, der Lehranstalt des Klerikal-

Seminars zu Fulda, den philosophisch-theologischen Lehranstalten zu Trier und zu Paderborn — zu welchen vielleicht noch die zu Hildesheim hinzukommt, s. K.G. 1886 S. 10 — können jetzt zwei weitere derartige Anstalten zu Osnabrück und Limburg hinzutreten, für deren Einrichtungen und Fortführung die a. a. O. S. 11 näher erörterten Normen ebenfalls maßgebend sind.

**Art. 1 §. 2.** Das bisher seit der Ausführung der Bulle: De salute animarum v. 16. Juli 1821 festgehaltene Prinzip, daß Lehranstalten der gedachten Art allein in denjenigen Diöcesen, in welchen sich keine katholisch-theologischen Fakultäten befinden (also nicht in der Diöcese Köln, Breslau und Münster) errichtet werden sollen, ist durch diese Bestimmung zwar formell nicht beseitigt (K.G. 1886 S. 9, 10), aber andererseits wird durch den §. 2, welcher den im §. 6 des Gesetzes vom 11. Mai 1873 ausgesprochenen, im Gesetz vom 21. Mai 1886 Art. 2 Abs. 4 festgehaltenen Grundsatz, daß vorbehaltlich einer ministeriellen Dispensation die bischöflichen Lehranstalten blos von den dem betreffenden Sprengel angehörigen Studirenden besucht werden dürfen, aufhebt, der Zweck, welcher mit der Fernhaltung der Klerikalseminare von jenen Diöcesen verfolgt wurde, nämlich das Studium der Theologie auf den Universitäten wenigstens in einem gewissen Umfange zu sichern, völlig illusorisch gemacht. Denn die Bischöfe derjenigen Diöcesen, welche keine eigenen Lehranstalten errichten, können jetzt ihre Candidaten frei und ungehindert an den Klerikal-Seminaren ihrer Amtsbrüder ausbilden lassen und dadurch, wie es einst mit der katholisch-theologischen Fakultät zu Gießen geschehen, die Fakultäten in Bonn, Breslau und Münster lahm legen. Vgl. übrigens zu Art. 1 die Regierungsmotive, Drucksachen des Herrenhauses Nr. 34 S. 6 und Kommissionsbericht d. Herrenh. Drucks. Nr. 65 S. 5; stenogr. Berichte d. Herrenh. v. 1887 S. 143.

## Artikel 2.

Die Gesetze vom 11. Mai 1873 (Gesetz-Samml. S. 191) und vom 11. Juli 1883 (Gesetz-Samml. S. 109) werden wie folgt, abgeändert:

### §. 1.

Die Verpflichtung der geistlichen Oberen zur Benennung der Kandidaten für ein geistliches Amt, sowie das Einspruchsrecht des Staates werden für die Bestellung des Verwesers eines Pfarramts (Administrators, Provisors ꝛc.) aufgehoben.

Das Einspruchsrecht gilt fortan nur für die dauernde Uebertragung eines Pfarramts.

### §. 2.

An Stelle des §. 16 des Gesetzes vom 11. Mai 1873 von Nr. 2 ab tritt folgende Bestimmung:

2) wenn der Anzustellende aus einem auf Thatsachen beruhenden Grunde, welcher dem bürgerlichen oder staatsbürgerlichen Gebiete angehört, für die Stelle nicht geeignet ist.

Die Thatsachen, welche den Einspruch begründen, sind anzugeben.

§. 3.

Ein staatlicher Zwang zur dauernden Besetzung der Pfarrämter findet fortan nicht statt. Der §. 18 und der zweite Absatz des §. 19 des Gesetzes vom 11. Mai 1873 werden aufgehoben.

§. 4.

Gerichtliche Entscheidungen gegen Geistliche in den Fällen des §. 21 des Gesetzes vom 11. Mai 1873 haben nicht von Rechtswegen die Erledigung der Stelle zur Folge. Die entgegenstehende Bestimmung a. a. O. wird aufgehoben.

§. 5.

Die Abhaltung von Messen und die Spendung der Sakramente fallen nicht unter die Strafbestimmungen der Gesetze vom 11. Mai 1873 und vom 21. Mai 1874.

Vorstehende Bestimmung findet auch auf Mitglieder von Orden und ordensähnlichen Kongregationen Anwendung, sofern dieselben für das Gebiet der Preußischen Monarchie zugelassen sind.

Die Vorschrift des Artikels 15 des Gesetzes vom 21. Mai 1886 wird hierdurch nicht berührt.

**Art. 2 §. 1 Abs. 1.** Schon die Gesetze v. 11. Juli 1880 Art. 5 und v. 11. Juli 1883 Art. 1, s. K.G. 1886 S. 87, hatten die Anzeigepflicht der kirchlichen Oberen in Betreff der Uebertragung geistlicher Aemter und in Betreff der Anordnung von Stellvertretungen und Hülfeleistungen in denselben, sowie das staatliche Einspruchsrecht gegen derartige Anstellungen und Anordnungen beseitigt: 1. hinsichtlich der Uebertragung von Seelsorge-Aemtern, deren Inhaber unbedingt abberufen werden können, P. Hinschius, preuß. Kirchenrecht, Berlin u. Leipzig 1884 S. 91 Nr. 11, 2. hinsichtlich der Anordnung einer Hülfeleistung oder Stellvertretung in einem geistlichen Amte, welche nicht in der Bestellung eines eigentlichen Pfarrverwesers besteht, 3. hinsichtlich der Vornahme einer geistlichen Handlung durch einen gesetzmäßig angestellten Geistlichen in dem Bezirk eines anderen besetzten oder erledigten geistlichen Amtes, wenn damit von dem betreffenden Geistlichen nicht die Absicht bekundet wurde, dort ein geistliches Amt zu übernehmen.

Die Anzeigepflicht und das Einspruchsrecht bestand dagegen fort: 1. hinsichtlich aller dauernd zu besetzenden Seelsorgeämter, also namentlich der Pfarreien und auch der Sukkursalpfarreien, im Gebiete des französischen Rechts (s. zu Art. 2 § 1 Abs. 2), 2. der Einsetzung von Pfarrverwesern im eigentlichen Sinne, d. h. denjenigen, welche von der geistlichen Behörde beim Fortfall oder bei längerer Behinderung des Pfarrers mit der Wahrnehmung aller amtlichen Funktionen des letzteren während der ganzen Dauer derartiger Verhältnisse betraut waren, P. Hinschius, preuß. Kirchenrecht S. 91 N. 13; stenogr. Berichte des Herrenh. v. 1887 S. 146, und endlich 3. hinsichtlich aller geistlichen Aemter, welche keine Seelsorge- aber geistliche Aemter sind, wie der Kanonikate, K.G. 1886 S. 30 ff., der Meßbenefizien (z. B. Primissarien), Arch. f. kathol. Kirchenrecht Bd. 56 S. 419, 420, und der Aemter der Weihbischöfe, P. Hinschius, preuß. Kirchenrecht S. 51.

Der Abs. 1 des §. 1 des vorliegenden Gesetzes (welcher nicht in der Regierungsvorlage enthalten war, sondern auf einem in der Herrenhaus-Kommission umredigirten Antrag des Bischofs Kopp beruht, Kommissionsbericht S. 10, 12, stenogr. Ber. S. 145) hebt nunmehr auch die Anzeigepflicht und das Einspruchsrecht für den Fall 2, d. h. in Betreff der Einsetzung von eigentlichen Pfarrverwesern auf, beseitigt aber die Anzeigepflicht und das Einspruchsrecht nicht für alle zu 1. und 3. gedachten Fälle, wogegen das Einspruchsrecht durch den Abs. 2, nicht aber die Anzeigepflicht für einzelne Fälle der gedachten Art ausgeschlossen wird. (S. die folgende Erläuterung.)

Art. 2 §. 1 Abs. 2. Nach diesem, ebenfalls auf einem Kopp'schen Amendement beruhenden Absatz (stenogr. Ber. S. 145, 147) bleibt die durch Abs. 1 nicht beseitigte Anzeigepflicht und das Einspruchsrecht blos für die dauernde Uebertragung eines Pfarramtes bestehen.

Dasselbe findet also nur Anwendung 1. wenn es sich um Uebertragung eines Pfarramtes, also nicht anderer Seelsorge-Aemter, wie z. B. des Amtes des Vikars der namens einer mit Pfarr-Rechten ausgestatteten juristischen Person, z. B. eines Domkapitels, des Amtes des Kaplans, welcher für einen bestimmten Theil einer Pfarrei in Unterordnung unter dem Pfarrer, des Mönches, welcher für die Ordensgemeinde eines Klosters die Seelsorge ausübt, handelt. Es muß aber 2. der kirchliche Obere die dauernde Uebertragung eines solchen Pfarramtes vorzunehmen beabsichtigen. Denn das Gesetz hält das Einspruchsrecht nicht für Pfarrämter, welche nach dem bestehenden, sei es staatlichen, sei es kirchlichen Recht dauernd besetzt werden sollen, aufrecht, sondern blos für die dauernde Uebertragung eines Pfarramtes, d. h. für den Fall, daß es thatsächlich dauernd übertragen wird.

Sowohl in der Kommission wie im Plenum des Herrenhauses, Kommiss.-Bericht S. 9 und stenogr. Ber. S. 145 ff. ist die Frage erörtert worden, ob die Sukkursalpfarreien wirkliche Pfarreien seien, also die Besetzung derselben noch der Anzeigepflicht und dem Einspruchsrecht unterliege oder nicht.

Vom Standpunkt des kirchlichen Rechtes aus müssen die Sukkursal-pfarreien, da sie die objektive Perpetuität der sonstigen Pfarreien theilen, wennschon die Amtsträger ad nutum amovibel sind, als Pfarreien betrachtet werden, P. Hinschius, Kirchenrecht Bd. II S. 293. Insofern fallen sie also unter den Abs. 2. Aber damit ist die Frage der Anwendbarkeit des Einspruchsrechts nicht entschieden. Es kommt vielmehr in dieser Beziehung darauf an, ob sie überhaupt dauernd besetzt werden können oder nicht. Denn ist das erstere ausgeschlossen, kann das zweite Moment, welches erst das Einspruchsrecht bedingt, niemals vorhanden sein.

Nach der Mittheilung des Kultusministers (Kommissionsbericht S. 11 und stenogr. Berichte S. 145) haben, nachdem in der Diöcese Münster die Abberufbarkeit der Sukkursalpfarrer schon in den dreißiger Jahren beseitigt war, die Bischöfe von Münster und Trier, sowie der Erzbischof von Köln im J. 1874 nach eingeholter Entscheidung der Kurie, welche also dabei eine ihrem früheren Verhalten gegenüber den französischen und belgischen Verhältnissen abweichende Stellung (P. Hinschius, preuß. Kirchengesetze v. 1873 S. 145, Acta sanctae sedis 1881. 14, 186) eingenommen hat, mit Genehmigung derselben der Staatsregierung erklärt, daß die Sukkursalpfarrer festangestellte Pfarrer seien und die für sie im Staatshaushalt vorgesehenen Gehaltszuschüsse für Pfarrer auch für die Sukkursalpfarrer ohne Bedenken angenommen.

Hiernach würden also die Anstellungen der letzteren noch der Anzeigepflicht und dem Einspruchsrecht unterliegen, aber doch nur unter der Voraussetzung, daß der Bischof sie ohne Vorbehalt des Widerrufs für die Stelle ernennt oder die letztere nicht etwa blos provisorisch durch sie verwalten läßt. Denn wenn der Bischof nach der Auffassung des Ministers auch kirchenrechtlich dieselbe Pflicht, wie bei den eigentlichen Pfarrämtern zur dauernden Besetzung hat, so ist diese doch auch bei den letzteren keine ausnahmslose (vgl. zu §. 2).

Der Kultusminister war also vollkommen berechtigt zu erklären, daß die Sukkursalpfarrer als wirkliche Pfarrer unter das Gesetz fallen. Allerdings haben, wie von demselben ferner mitgetheilt ist, der Erzbischof von Köln und der Bischof von Trier, trotz der Entscheidung der Kurie nach der Gestattung der Anzeigepflicht seitens der letzteren im vorigen Jahre die Sukkursalpfarrer nicht benannt, und auch der Bischof Kopp hat sich bei den Berathungen, stenogr. Ber. S. 145, dahin geäußert, die quaestio facti, ob die Sukkursalpfarrer wirkliche Pfarrer sind oder nicht, müsse die Kirche entscheiden. Indessen ist damit die gesetzliche Anwendbarkeit des Abs. 2 auf die Sukkursalpfarrer noch nicht ausgeschlossen, denn das Gesetz haben die preußischen Behörden, nicht der Papst zu interpretiren. Aber immerhin kann die Anwendung jeder Zeit durch blos provisorische Anstellung beseitigt werden.

Das mangelnde Geschick des Bischofs Kopp, legislatorisch brauchbare Gesetzesbestimmungen zu formuliren, welches sich schon bei der Berathung des Gesetzes von 1886 zur Genüge bewährt hat, zeigt sich gleichfalls in dem hier fraglichen Abs. 2. Der letztere hebt, da er das Einspruchsrecht nur für die dauernde Uebertragung eines Pfarramtes bestehen läßt, dasselbe zwar für die geistlichen Aemter, die keine Pfarrämter sind, auf, läßt aber seinem Wortlaute nach für diese die im Abs. 1 blos für die Pfarrverweser beseitigte Anzeigepflicht in Kraft. Trotzdem daß der Kultusminister, stenogr. Ber. S. 146, diese Inkongruenz gerügt hat, ist es vom Herrenhause nicht der Mühe für werth erachtet worden, die Fassung zu verbessern und auch die Anzeigepflicht zu beseitigen. Sie ist also für alle gedachten geistlichen Aemter bestehen geblieben, und es müssen für die Verletzung derselben noch die in §§. 22, 23 des Gesetzes vom 11. Mai 1873 angedrohten Strafen von den Gerichten ausgesprochen werden.

Art. 2 §. 2. Dieser §. beseitigt die bisher durch das Gesetz vom 11. Mai 1873 §. 16 Nr. 2 u. 3 zugelassenen Einspruchsgründe, 1. daß der Anzustellende wegen ehrmindernder strafbarer Handlungen rechtskräftig verurtheilt ist oder sich in Untersuchung befindet (R.G. 1886 S. 92) und 2. daß gegen ihn Thatsachen vorliegen, welche die Annahme rechtfertigen, daß er rechtsgültigen staatlichen Ordnungen entgegen wirken oder den öffentlichen Frieden stören werde. An Stelle derselben setzt er den Umstand, daß die betreffende Persönlichkeit aus einem auf Thatsachen beruhenden Grunde, welcher dem bürgerlichen oder staatsbürgerlichen Gebiet angehört, für die Stelle nicht geeignet ist. Der Regierungsentwurf, welcher lautete: „Der Einspruch ist zulässig, wenn erachtet wird, daß der Anzustellende u. s. w." war damit auf die ursprüngliche, von der damaligen Kommission des Abgeordnetenhauses geänderte Fassung des §. 16 des Gesetzes vom 11. Mai 1873 zurückgegangen, P. Hinschius, preuß. Kirchengesetze von 1873 S. 132, welche sich der württembergischen und badischen Gesetzgebung anschloß, P. Hinschius, Kirchenrecht Bd. III S. 184. Die Herrenhaus-Kommission hat nur die gesperrt gedruckten Worte beseitigt. Sollten diese auch betonen, daß das Befinden über das Vorliegen der Einspruchsgründe der Staatsregierung zukommt, so ist durch ihre Streichung sachlich nichts geändert. Zweifellos hatte früher die Staatsregierung über die ehemals maßgebenden, vorhin bezeichneten beiden Einspruchsgründe zu befinden, und der §. 16 des cit. Gesetzes von 1873 hat jetzt nur die Aenderung erlitten, daß die Gründe anders formulirt worden sind. Weiter ergiebt sich dies auch aus der Natur des staatlichen Einspruchsrechts, welches völlig illusorisch oder vielmehr kein Einspruchsrecht, sondern nur ein Recht zur gutachtlichen Aeußerung von Bedenken sein würde, wenn die Bischöfe über die Erheblichkeit der geltend gemachten Gründe zu entscheiden hätten, vgl. übrigens auch den Kommiss.-Ber. S. 12, stenogr. Ber. S. 148.

Verengert sind die Einspruchsgründe durch die jetzige Fassung nicht, im Gegentheil erweitert, denn unter den Gründen, welche dem bürgerlichen Gebiete angehören, sind solche zu verstehen, welche die Stellung des Kandidaten im bürgerlichen Leben, wie geminderte Ehre, Bescholtenheit oder faktische Anrüchigkeit — und dies kann allerdings auch Folge einer Untersuchung und einer Verurtheilung des Geistlichen sein — berühren. Die auf dem staatsbürgerlichen Gebiete liegenden Gründe sind dagegen solche, welche den Anzustellenden wegen seiner Stellung zum Staat, wegen seines politischen Verhaltens, wegen Nichtachtung der durch den konfessionellen Frieden gebotenen Rücksichten oder wegen mangelnder Befähigung zur Wahrnehmung der mit dem Pfarramt verbundenen staatlichen oder öffentlichen Funktionen als ungeeignet erscheinen lassen, P. Hinschius, Kirchenrecht Bd. III S. 184.

Aus der Ablehnung eines Amendements des Bischofs Kopp, daß die erwähnten Gründe nicht aus der Erfüllung einer kirchlichen Amtspflicht hergenommen werden dürfen, stenogr. Ber. S. 153, s. auch

Kommiss. Ber. S. 8, 13, 14, ergiebt sich ganz klar — dafür spricht übrigens auch schon der Wortlaut des Gesetzes — daß der Einspruch selbst in solchen Fällen, also z. B., wenn der Geistliche in Erfüllung seiner Predigtpflicht den öffentlichen Frieden gestört, in Folge seiner Gehorsamspflicht gegen die kirchlichen Oberen auf deren Befehl etwaige von der katholischen Kirche nicht anerkannte Staatsgesetze verletzt hat, zulässig bleibt.

Zur ordnungsmäßigen Erhebung des Einspruchs gehört es, wie schon nach dem früheren Recht, daß die Thatsachen, welche einen dem bürgerlichen oder staatsbürgerlichen Gebiet angehörenden Grund bilden, von dem Ober-Präsidenten angegeben werden. Dagegen kann davon, daß der Bischof erst durch eine besondere Beweiserhebung von ihrer Richtigkeit überzeugt werden muß, keine Rede sein.

Ebensowenig ist es zweifelhaft, daß der vorschriftsmäßig, also rechtzeitig unter Angabe der Thatsachen erhobene Einspruch die Verleihung des Pfarramts hindert und die trotzdem erfolgte Besetzung nichtig macht. Ganz abgesehen davon, daß ein gegentheiliger Antrag Kopp schon in der Kommission keine Annahme gefunden hat, Kommiss.-Ber. S. 9, 15, ist auch der §. 17 des Gesetzes vom 11. Mai 1873, welcher die Nichtigkeit ausspricht, bestehen geblieben.

Endlich ist darauf hinzuweisen, daß das hier normirte Einspruchsrecht nur auf die dauernde Besetzung von Pfarrämtern Anwendung findet, andererseits aber, daß die Vorschrift des §. 16 Nr. 1, welcher den Einspruch gestattet, wenn dem Anzustellenden die gesetzlichen Erfordernisse zur Bekleidung des geistlichen Amtes, d. h. die Reichsangehörigkeit und die vorgeschriebene wissenschaftliche Bildung fehlen, nicht auf die Besetzung der Pfarrämter beschränkt worden, sondern in dem früheren Umfange bestehen geblieben ist. Beim Mangel der gedachten Erfordernisse tritt absolute Nichtigkeit der Besetzung aller geistlichen Aemter und der Uebertragung von Stellvertretungen und Hülfsleistungen nach §. 1 des Gesetzes von 1873 ein, und diese Nichtigkeit brauchte schon nach dem letzteren nicht auf dem Wege des Einspruchs geltend gemacht werden. Es hat daher die Beschränkung des Einspruchsrechts für diese Fälle keine Bedeutung, da die Unterlassung des Einspruchs nach früherem Rechte die Nichtigkeit nicht heilen konnte, diese also durch Beschränkung des Einspruchsrechtes auch nicht beseitigt wird.

Art. 2 §. 3. Durch diese Bestimmung werden die Vorschriften, daß jedes Pfarramt, einschließlich der Sukkursal-Pfarreien (s. o. S. 8. 9), innerhalb eines Jahres vom Tage der Erledigung, bez. von der Beendigung der Gnadenzeit und zwar dauernd zu besetzen ist, widrigenfalls der Ober-Präsident mit Geldstrafen einschreiten und der Kultusminister die zur Unterhaltung der Stelle oder der besetzungsberechtigten kirchlichen Oberen dienenden Staatsmittel einbehalten kann, beseitigt. K.G. 1886, S. 92.

Seitens der Regierung und seitens des Herrenhauses hat man sich dabei beruhigt, daß das kanonische Recht die Wiederbesetzung für die Regel binnen sechs Monaten vorschreibe, s. die Regierungsvorlage S. 7 und Kom.-Ber. S. 17. Dabei scheint man indessen völlig vergessen zu haben, daß nach den Motiven zu §. 18 des Gesetzes vom 11. Mai 1873 die Regierung durch diese Vorschrift den in neuerer Zeit constatirten Mißbräuchen, daß die Bischöfe die Pfarreinkünfte zu anderen Zwecken verwendet und die der örtlichen Seelsorge gewidmeten Stellen mit dürftig besoldeten, widerruflich ernannten, in ihrer Lebensexistenz den kirchlichen Oberen willenlos hingegebenen Hilfsgeistlichen besetzt haben, s. auch P. Hinschius, Kirchenrecht Bd. III, S. 113, hat entgegentreten wollen. Ueberdies stellt der jetzige Kom.-Ber. des Herrenh. S. 9 ebenfalls fest, daß „sich in einigen Diözesen ein förmliches System der Besetzung der Pfarrstellen mit Hilfsgeistlichen ausgebildet habe“. Die erwähnten Mißstände können in Zukunft ruhig fortdauern, umsomehr als die Bischöfe jetzt, weil die Anzeigepflicht und das Einspruchsrecht sich blos auf die dauernde Besetzung des Pfarramtes beziehen, in der Lage sind, beides durch die Bestellung von widerruflichen Hilfsgeistlichen zu Pfarrverwesern illusorisch zu machen, ohne daß die Regierung irgend ein Mittel hat, dies zu verhindern.

Endlich ist vergessen worden, die allerdings durch die Beseitigung des §. 18 Abs. 2. 3 und §. 19 Abs. 2 gegenstandslos gewordene Strafbestimmung des §. 23 Abs. 2 ausdrücklich aufzuheben.

Art. 2 §. 4. Durch diese Vorschrift, welche schon in der Regierungsvorlage enthalten war, wird der §. 21 des Gesetzes vom 11. Mai 1873:

> „Die Verurtheilung zur Zuchthausstrafe, die Aberkennung der bürgerlichen Ehrenrechte und der Fähigkeit zur Bekleidung öffentlicher Aemter hat die Erledigung der Stelle, die Unfähigkeit zur Ausübung des geistlichen Amtes und den Verlust des Amtseinkommens zur Folge.“

dahin abgeändert, daß die gesperrt gedruckten Worte fortfallen, d. h. es gilt die Stelle künftighin für Staat und Kirche nicht mehr erledigt. Hiermit ist endlich die Inkongruenz beseitigt worden, daß bisher für die ebengedachten Fälle an der staatlichen Absetzung der Geistlichen festgehalten war, während ihr in den übrigen Fällen, in denen sie nach der ursprünglichen Fassung der Gesetze vom 12. Mai 1873 und vom 22. April 1875 §. 12, K.G. 1886 S. 61, 65, 99 ausgesprochen werden konnte, schon durch das Gesetz vom 14. Juli 1880 Art. 1 blos die Unfähigkeit zur Bekleidung des Amtes und der Verlust des Amtseinkommens substituirt worden war. Die beiden letzteren Fälle sind jetzt unpraktisch s. a. a. O. S. 61, 65, und die nunmehr erfolgte Aenderung des angeführten §. 21 hat allein praktische Bedeutung für den Fall der Begnadigung, da durch diese ohne Weiteres das Recht zur Ausübung des Amtes wieder erlangt wird, und nicht mehr, wie nach der ursprünglichen Fassung des Gesetzes, dazu erst eine erneuerte Verleihung der Stelle an den Begnadigten nothwendig ist. Vgl. übrigens auch P. Hinschius, Kirchengesetz von 1880 S. 17, 18.

Art. 2 §. 5 Abs. 1. Dieser Absatz — er beruht auf einem Amendement des Bischofs Dr. Kopp, Kom. Ber. S. 17, s. auch stenogr. Ber. S. 156 — ist von der weittragendsten Bedeutung. Er macht die wenigen Rechte, welche dem Staat noch hinsichtlich der Besetzung und Ausübung der geistlichen Aemter verblieben sind, das jetzt auf ein Minimum beschränkte Einspruchsrecht und die Vorschriften über die Nothwendigkeit der Reichsangehörigkeit und diejenigen über den Erwerb einer bestimmten Vorbildung, faktisch so gut wie werthlos.

Es steht nunmehr jedem katholischen Priester frei, gleichviel, ob er

Inländer oder Ausländer ist, ob er die vorgeschriebene Bildung besitzt oder nicht, ob die Anzeigepflicht erfüllt ist oder nicht, ob er in Folge eines strafgerichtlichen Urtheils zur ferneren Ausübung seines Amtes unfähig geworden ist oder nicht, jede Art von Messen zu lesen und sämmtliche Sakramente zu spenden. Allerdings begreift diese Freiheit nicht die Ausübung des Predigtamtes, die Spendung der Sakramentalien[1]) (der Weihungen und Segnungen) und die Verwaltung sonstiger kirchlichen Amtshandlungen, z. B. die Führung der Kirchenbücher, die Theilnahme am Kirchenvorstand, und die Vornahme solcher Amtshandlungen ohne Beobachtung der §§. 1—3 des Gesetzes vom 11. Mai 1873 (in ihrer jetzigen Gestalt), ist nach §. 23 desselben strafbar geblieben. Aber immerhin kann gerade der wesentlichste Theil der Funktionen des geistlicher Amtes von allen Priestern, ohne daß der Staat ein Wort dabei mitzusprechen hat, vollzogen und dadurch, man denke an die Handhabung des Beichtsakramentes, der entscheidendste Einfluß auf die Bevölkerung geltend gemacht werden. Hat man bisher in Preußen den Standpunkt der österreichischen und sächsischen Kirchengesetzgebung abgelehnt, daß eine gesetzwidrige Anstellung und Verwendung von Geistlichen blos in den staatlichen Beziehungen nichtig ist, vielmehr diese auch in kirchlicher Beziehung als nichtig behandelt, weil der Geistliche gerade durch die geistliche Thätigkeit seine weitgehende Einwirkung ausübt, so ist man jetzt der ultramontanerseits seit dem Jahre 1848 gemachten Erfindung einer Scheidung der staatlichen und geistlichen Seite des Amtes praktisch so gut wie völlig nahe gekommen.

Allerdings würde der Bischof, welcher einen Priester ohne Erfüllung der vorgeschriebenen Erfordernisse als Hilfsgeistlichen oder Stellvertreter für ein geistliches Amt deputirt, nach §. 22 des Gesetzes vom 11. Mai 1873 immer strafbar sein[2]), obgleich dieser selbst wegen des Messelesens und der Spendung von Sakramenten nicht mehr zur Verantwortung gezogen werden darf. Duldet aber der Bischof jetzt die Ausübung der betreffenden Amtshandlungen seitens eines solchen Geistlichen nur stillschweigend, dann wird er für die Regel der Strafe entzogen bleiben, weil es nicht immer leicht sein wird, ihm in solchen Fällen eine stillschweigende Uebertragung nachzuweisen.

**Art. 2 §. 5. Abs. 2** stellt die Mitglieder der Orden und ordensähnlichen Kongregationen, sofern sie für das Gebiet der preußischen Mo-

---

[1]) Denn diese sind nicht Sakramente, weil sie nach der katholischen Lehre nicht, wie die letzteren, von Christus selbst gestiftet sind, Probst, Benediktionen S. 37, und das Gesetz bietet keinen Anlaß, sie unter den Sakramenten zu begreifen. Möglicherweise wird dies auch im Hinblick auf ungenaue Angaben in einzelnen katholischen Religionslehrbüchern, so in dem von Martin 10. Aufl. 2, 197, 198 versucht werden. Darauf läßt wenigstens die mir von Heiner, Wo stehen wir jetzt? Dessau 1886 S. 37, in Betreff der Gnadenmittel ertheilte Belehrung schließen.

[2]) Denn es werden blos die Strafbestimmungen für das Messelesen und das Sakramentsspenden als solches aufgehoben, nicht die Bestimmungen über die gesetzwidrige Anstellung und Verwendung von Geistlichen durch die kirchlichen Oberen, mag sich deren Thätigkeit auch auf die oben gedachten Funktionen beschränken.

narchie zugelassen sind (s. darüber zu Art. 5), hinsichtlich der Straffreiheit den übrigen Geistlichen gleich. Vgl. des weiteren das Folgende.

Art. 2. §. 5. Abs. 3. Mit dieser Bestimmung hat erklärt werden sollen, daß die Strafbestimmungen der in Abs. 1 erwähnten Gesetze keine Anwendung auf das Lesen stiller Messen und auf das Spenden der Sterbesakramente (K.G. 1886 S. 82) durch Mitglieder der nicht zugelassenen geistlichen Genossenschaften finden sollen.

Es ist, wie der Kommiss.-Ber. S. 20 und die Erklärung des Cultusministers, stenogr. Ber. S. 154 ergeben, hierbei vorausgesetzt worden, daß der Art. 15 des vorjährigen Gesetzes auf die Mitglieder der vom deutschen Reiche ausgeschlossenen Orden und Kongregationen, der Jesuiten, Redemptoristen u. s. w. (K.G. 1886 S. 84) Anwendung gefunden hätte. A. a. O. habe ich die entgegengesetzte Behauptung aufgestellt. Heiner, a. a. O. S. 53 hat schon dagegen Widerspruch erhoben und bemerkt, daß, da das Gesetz nicht zwischen Welt- und Ordensgeistlichen unterschieden habe, Art. 15 auch auf Ordensgeistliche, mögen sie deutsches Bürgerrecht besitzen oder nicht, Anwendung finden müßte. Leider hat er ebenso wie jetzt auch die Kommission übersehen, daß die Ausschließung dieser religiösen Genossenschaften auf dem Reichsgesetz v. 4. Juli 1872 beruht, und daß den Mitgliedern derselben auf Grund der reichsgesetzlich dem Bundesrath übertragenen Vollmachten durch letzteren unterm 5. Juli 1872 die Ausübung jeder Ordensthätigkeit untersagt worden ist. Auf die Verletzung dieser Bestimmungen haben aber die Gesetze von 1873 und 1874, als preußische Landesgesetze keine Anwendung finden können, und ebensowenig konnte das Gesetz v. 21. Mai 1886 Art. 15 als Landesgesetz die reichsgesetzlichen Bestimmungen überhaupt berühren und ändern. Das gilt natürlich auch von dem gegenwärtigen Abs. 3. In Bezug auf die Jesuiten und die ihnen verwandten Orden, ist dieser Absatz, falls er sie treffen soll, deshalb nichtig, weil er reichsrechtliche Normen abändern würde.

Die Sache liegt demnach so, daß, wenn man das Messelesen und das Spenden der Sakramente der Jesuiten u. s. w. als eine Ordensthätigkeit in der Kirche betrachtet — und das wird jedenfalls für die Spendung der Sakramente und die nicht in Erfüllung der priesterlichen Pflicht gelesenen Messen angenommen werden müssen — dieselben deswegen zwar nach den preußischen Gesetzen nicht bestraft werden konnten und können, daß aber andererseits auch kein preußisches Gesetz ihnen diese Thätigkeit zu erlauben die Macht hatte, mithin ihnen dieselbe wie bisher verboten bleibt.

Anders steht es auch nicht mit den Mitgliedern derjenigen religiösen Genossenschaften, welche noch jetzt nach Art. 5 §. 1 vom Gebiete der preußischen Monarchie ausgeschlossen bleiben sollen. Durch die Ausschließung war diesen ebenfalls jede Ausübung ihrer Ordensthätigkeit, also auch in Erfüllung dieser in dem erwähnten Umfange das Messelesen und das Sakramentsspenden untersagt, P. Hinschius, preuß. Kirchenrecht S. 448, aber auf das Zuwiderhandeln gegen diese Verbote fanden ebenfalls keine Strafbestimmungen, insbesondere nicht die der Gesetze v. 1873 und 1874 Anwendung. Die Suspension derselben durch den Art. 15 des Gesetzes von 1886 und den Abs. 3 §. 5 dieses Gesetzes ist also bedeutungslos. In Bezug auf diese Ordensmitglieder hätte Heiner nur dann Recht, wenn der Art. 15 des ersteren dahin gefaßt wäre: „Das Lesen stiller

Messen und das Spenden der Sterbesakramente unterliegt keiner Beschränkung". Dann hätte ich meinerseits unstatthafter Weise eine nicht im Gesetze gemachte Unterscheidung hineingetragen. So lautet der Artikel aber nicht, vielmehr er erklärt blos Strafbestimmungen, welche sich auf die Ausübung der verbotenen Ordensthätigkeit gar nicht bezogen haben, auf gewisse Fälle nicht anwendbar, berührt also die Ordensthätigkeit gar nicht[1]).

---

[1]) Bei der in Art. 5 §. 1 ausgesprochenen weiten Zulassung der Orden und Kongregationen hat der Streitpunkt, soweit es sich nicht um die reichsgesetzlich ausgeschlossen bleibenden Jesuiten u. s. w. handelt, kaum eine praktische Bedeutung. Was den dabei in Frage kommenden Begriff: „stille Messe" betrifft, so wirft mir Heiner S. 51 vor, ich hätte „stille, Privatmesse, Votivmesse" konfundirt, führe mich zum Beweise meiner Behauptungen selbst an, und doch sei der Begriff „stille Messe" so feststehend nach katholischer Lehre und Praxis, daß es geradezu tendenziös erscheine, wenn ich an diesem Begriff herumnörgele. Ich habe zunächst auf mein Kirchenrecht Bd. IV verwiesen, um nicht alle dort angeführten Citate in meinen Kommentar herübernehmen zu müssen. Hätte Heiner die Citate nachgesehen, so würde er vielleicht mit der Beschuldigung der Konfundirung nicht so schnell bei der Hand gewesen sein. Doch abgesehen davon hat Heiner nicht nachgewiesen, daß der Begriff: stille Messe, wenn man sie nicht als Privatmesse faßt, den Rubriken des Missales entspricht und ebensowenig, daß der Begriff ein offizieller und liturgisch feststehender ist. Die von ihm citirte Stelle aus Seitz, Pflichten des Pfarrers 1, 116 giebt eine klare Begriffsbestimmung nicht, sondern sagt nur: „nicht aber ist umgekehrt jede Privatmesse auch eine stille". Die Definitionen von Müller, Lexikon des Kirchenrechts 2. Aufl. 4, 88: „Der stillen Messen, welche von einem Priester, dem ein gewöhnlicher Ministrant dient, ohne Kirchenmusik und Gesang, wie auch ohne den bei der feierlichen Messe vorgeschriebenen Ritus gelesen werden, wenngleich der größte Theil einer Pfarr-Gemeinde zugegen ist" und von Gollmitz, Pastoraltheologie 3. Aufl. 2, 91: „welche ohne Gesang mit Weglassung aller Feierlichkeit gelesen wird", lassen darüber Unklarheiten bestehen, ob das Wegfallen des Gesanges des Priesters oder des respondirenden Chores oder beider als das entscheidende betrachtet wird. In der Herrenhaus-Kommission ist diesmal, Ber. S. 18, die stille Messe einerseits als solche, welche durch Musik und Gesang des Priesters oder des Volkes weit hörbar sei, andererseits (anscheinend vom Bischof Dr. Kopp) als solche, bei welcher der liturgische Gesang (im Gegensatz zu den Singmessen oder missae cantatae) unterbleibe, gleichviel, ob das Volk singe oder nur bete (das ist die von mir K.G. 1886 S. 86 unter 1 gegebene Erklärung), definirt. Ob man bei dieser Verschiedenheit der Definitionen, wie Heiner es thut, von einem feststehenden Begriff der stillen Messe reden kann, überlasse ich jedem Unbefangenen zu beurtheilen. Ich kann daher nur das Ergebniß meiner früheren Ausführung S. 85 festhalten, daß in Art. 15 unter stillen Messen diejenigen zu verstehen sind, „bei welchen der Priester für sich allein, ohne daß er dies zur Erbauung der Gemeinde thut, also nicht behufs der Theilnahme der Gemeindemitglieder, gleichviel ob mit einem Ministranten oder einen solchen, celebrirt", und muß es nur als eine Entstellung meiner Behauptung bezeichnen, wenn Heiner S. 50, weil ich eine vorher hingestellte Definition als Anhaltspunkt für die Findung der gesetzlich gemeinten bezeichnet habe, mir unterlegt, ich wolle, stille Messe im Sinne des Art. 15, allein in diesem letzteren Sinne, d. h. als eine solche, „welche in Privatoratorien blos in Gegenwart der einen oder anderen Person oder auch in der Kirche an einem Seiten-Altar an Nichtfeiertagen gelesen wird", aufgefaßt wissen.

## Artikel 3.

Die im Absatz 2 des Artikels 8 des Gesetzes vom 21. Mai 1886 vorgeschriebene Verpflichtung der geistlichen Oberen zur Mittheilung kirchlicher Disziplinarentscheidungen an die Oberpräsidenten wird aufgehoben.

Art. 3, schon in der Regierungsvorlage enthalten, beseitigt die Vorschrift, daß von einer im Wege des kirchlichen Disciplinarvergehens für länger als 14 Tage verhängten Verweisung in eine Demeritenanstalt oder von einer disciplinarisch ausgesprochenen Entfernung aus dem Amte dem Oberpräsidenten gleichzeitig mit der Zustellung an den Betroffenen Mittheilung zu machen ist, hebt also auch diese geringe staatliche Kontrole der Ausübung der Disciplinargerichtsbarkeit durch die geistlichen Gerichte, s. K.G. 1886 S. 47, auf, „damit die Kirche von einer ihrerseits als Belästigung empfundenen Schranke befreit werde", Reg.-Vorl. S. 8, Komm.-Ber. S. 20.

## Artikel 4.

Die §§. 2 bis 6 des Gesetzes über die Grenzen des Rechtes zum Gebrauch kirchlicher Straf- und Zuchtmittel vom 13. Mai 1873 (Gesetz-Samml. S. 205) werden aufgehoben.

Art. 4. Nachdem schon durch den Art. 12 des Gesetzes v. 21. Mai 1886, welcher die Anwendung des Ges. v. 13. Mai 1873 auf die Versagung der kirchlichen Gnadenmittel ausgeschlossen hatte, das erwähnte Gesetz, wie ich K.G. 1886 S. 69, ausgeführt habe, praktisch bedeutungslos gemacht worden war, hat die Regierung jetzt daraus die Konsequenz gezogen, daß es bis auf den §. 1 aufgehoben werden müsse. Reg.-Vorl. S. 9, vgl. auch Komm.-Ber. S. 21.

Von dem ganzen Gesetz ist demnach nur §. 1 bestehen geblieben, welcher die Kirchen und Religionsgesellschaften auf die Androhung, Verhängung und Verkündung der dem religiösen Gebiet angehörigen Straf- und Zuchtmittel (wie z. B. der Bußwerke, Fasten, Almosen) und solcher, welche rein kirchliche Rechte oder die Mitgliedschaft in der Kirche oder Religionsgesellschaft entziehen, beschränkt, und in Folge dessen ausdrücklich die Unzulässigkeit von Straf- oder Zuchtmitteln gegen Leib, Vermögen, Freiheit oder bürgerliche Ehre ausspricht, K.G. 1886 S. 101. Das Verbot des großen Kirchenbannes, soweit er unter Namensnennung verkündet wird, ist also aufrecht erhalten geblieben, denn die dadurch beabsichtigte Verkehrsperre gegen den Gebannten ist ein Hinübergreifen aus dem kirchlichen in das bürgerliche Gebiet, P. Hinschius preuß. Kirchenrecht S. 41. Im übrigen ist aber jedes Mittel, die Ueberschreitung der erwähnten Grenzen der Straf- und Zuchtmittelgewalt zu hindern, namentlich die kriminalrechtliche Bestrafung derselben, fortgefallen, und ferner sind alle in dem K.G. 1886 S. 69 erwähnten, zum Schutze der Beamten und der Privatpersonen erlassenen Vorschriften, welche in gewissen Fällen den Gebrauch an sich erlaubter Straf- und Zuchtmittel aus-schlossen, sowie die Verbote, solche öffentlich oder in beschimpfender Weise zu verkünden oder zu vollziehen, beseitigt.

Die Regierungsvorlage S. 9 erklärt zwar, daß §. 1 ausdrücklich eine Schranke setze, gegen deren Ueberschreitung das bürgerliche Strafrecht den erforderlichen Schutz zu gewähren vermöge, übersieht aber, daß gerade die völlige Unzulänglichkeit dieses Schutzes im Jahre 1873 zu der Einführung der jetzt aufgehobenen Bestimmungen den Grund abgegeben hat. In der That ist es auch unverständlich, welchen Schutz das allgemeine Strafrecht dem Beamten, welcher wegen Vornahme von Amtshandlungen exkommunizirt wird, gewähren soll. Die Beeinflussung öffentlicher Wahlen durch kirchliche Straf- und Zuchtmittel fällt ebenfalls nicht unter §§. 108, 109 des R. Str.G.B. Ja selbst der strafrechtliche Schutz gegen Beleidigungen, a. a. O. §§. 185 ff., wird praktisch fast immer versagen, weil der sog. animus injuriandi auf Seite des die Straf- und Zuchtmittel verhängenden kirchlichen Oberen kaum vorliegen wird oder nachgewiesen werden kann, und endlich dem letzteren auch immer der §. 193 a. a. O. (in betreff der Ausschließung der Strafbarkeit bei Wahrnehmung berechtigter Interessen) zur Seite steht.

## Artikel 5.

Das Gesetz vom 31. Mai 1875, betreffend die geistlichen Orden und ordensähnlichen Kongregationen der katholischen Kirche (Gesetz-Samml. S. 217), wird, wie folgt, abgeändert:

### §. 1.

Im Gebiete der Preußischen Monarchie werden wieder zugelassen diejenigen Orden und ordensähnlichen Kongregationen der katholischen Kirche, welche sich

a) der Aushülfe in der Seelsorge,
b) der Uebung der christlichen Nächstenliebe,
c) dem Unterrichte und der Erziehung der weiblichen Jugend in höheren Mädchenschulen und gleichartigen Erziehungsanstalten

widmen;

d) deren Mitglieder ein beschauliches Leben führen.

### §. 2.

Auf die wieder zuzulassenden Orden und Kongregationen finden in Beziehung auf die Errichtung der einzelnen Niederlassungen sowie auf die sonstigen Verhältnisse dieselben gesetzlichen Bestimmungen Anwendung, welche für die bestehenden Orden und Kongregationen gelten.

§. 3.

Die Minister des Innern und der geistlichen Angelegenheiten sind ermächtigt, den bestehenden, sowie den wieder zuzulassenden Orden und Kongregationen die Ausbildung von Missionaren für den Dienst im Auslande, sowie zu diesem Behufe die Errichtung von Niederlassungen zu gestatten.

§. 4.

Das vom Staate in Verwahrung und Verwaltung genommene Vermögen der aufgelösten Niederlassungen wird den betreffenden wiedererrichteten Niederlassungen zurückgegeben, sobald dieselben Korporationsrechte besitzen und in rechtsverbindlicher Weise die Verpflichtung zur Unterhaltung der Mitglieder der aufgelösten Niederlassungen übernommen haben. Schon vor der Erfüllung dieser Voraussetzungen kann denselben die Nutznießung dieses Vermögens gestattet werden.

**Art. 5 §. 1.** Der Artikel 5, welcher die Regierungsvorlage durch mehrere, im Herrenhause angenommene Amendements, namentlich des Bischofs Dr. Kopp, erweitert hat, Reg.-Vorl. S. 4, Kommiss.-Ber. S. 22, stenogr. Ber. S. 157 ff., schränkt seiner Fassung nach zwar nur die durch das Gesetz vom 31. Mai 1875, K.G. 1886 S. 106 generell angeordnete Ausschließung aller Orden und ordensähnlichen Kongregationen durch unbedingte, vom Belieben des Ministers oder jeder sonstigen Verwaltungsbehörde unabhängige Wiederzulassung einer Reihe von derartigen Genossenschaften ein, verkehrt aber thatsächlich die ganze Bedeutung des Gesetzes, denn bei dem weiten für die Zulassung gesteckten Rahmen können — abgesehen von den reichsgesetzlich ausgeschlossenen Jesuiten, Redemptoristen, Lazaristen, Priestern v. h. Geiste und den Schwestern v. h. Herzen Jesu — sich fast alle mit wenigen Ausnahmen wieder in der preußischen Monarchie ausbreiten.

Was diese Ausnahmen betrifft, so ist zunächst die Schranke bestehen geblieben, daß nur solche geistliche Genossenschaften, welche bei dem Inkrafttreten des Gesetzes vom 31. Mai 1875, d. h. am 3. Juni 1875, in der preußischen Monarchie Niederlassungen besaßen, zugelassen werden. Allerdings könnte der §. 1 auch dahin verstanden werden, daß überhaupt alle Orden, welche den noch näher zu besprechenden Bestimmungen entsprechen, selbst wenn sie vorher in Preußen nicht ansässig waren, Aufnahme finden sollen. Aber bei dieser Auslegung würde man übersehen, daß einmal die Regierungsvorlage die Fassung aufweist: „Von den durch das Gesetz vom 31. Mai 1875 ausgeschlossenen Orden und ordensähnlichen Kongregationen können wieder zugelassen werden", ferner daß nirgends die Absicht obgewaltet hat, über diese Beschränkung hinauszugehen, stenogr. Ber.

S. 159, und daß der §. 1, da er sich ausdrücklich als eine Abänderung, nicht als völlige Aufhebung des gedachten Gesetzes bezeichnet, nur die von dem letzteren betroffenen Orden und ordensähnlichen Kongregationen, nicht überhaupt alle derartigen Genossenschaften, im Auge haben kann. Da das: „wieder“ auch bei dieser beschränkenden Auffassung einen völlig zutreffenden Sinn giebt, so erscheint die gedachte engere Auslegung allein als die einzig berechtigte.

Trotz dieser Schranke wird man nunmehr sagen können, daß nach dem neuen Recht der Grundsatz gilt, daß Orden und ordensähnliche Kongregationen der Regel nach in Preußen zugelassen sind.

Schon die unter den Kategorien des §. 1 a, b und d aufgeführten, d. h. diejenigen, welche sich den Zwecken der Aushülfe in der Seelsorge, der Uebung der christlichen Nächstenliebe und einem beschaulichen Leben widmen, umfassen alle derartigen Gesellschaften, sofern ihr Zweck nicht die Unterrichtsthätigkeit ist. Ja, von den letzteren haben sogar diejenigen wieder Zutritt, deren Thätigkeit auf den Unterricht und die Erziehung in höheren Mädchenschulen und gleichartigen Erziehungsanstalten (also z. B. in Pensionaten mit den Unterrichtszielen der letzteren) gerichtet ist.

Selbstverständlich kann nur angenommen werden, daß darüber, ob eine derartige Genossenschaft sich den erwähnten Zwecken widmet, nicht die Thätigkeit, welche faktisch einzelne Mitglieder treiben, sondern der in den päpstlich, bezw. bei den Kongregationen der in den bischöflich approbirten Statuten und Konstitutionen angegebene Zweck entscheidet, da der §. 1 die Zulassung nach den Zwecken des Ordens und der Kongregation als Genossenschaft bemißt. Daraus folgt aber andererseits, daß Genossenschaften, welche mehrere der unter a—d genannten Zwecke in ihrer Thätigkeit vereinigen, ebenfalls wieder kraft des Gesetzes freien Zutritt in Preußen haben.

Ausgeschlossen bleiben dagegen noch jetzt zweifellos diejenigen Orden und Kongregationen, welche sich dem Elementar-Unterricht der männlichen und weiblichen Jugend widmen, aber nicht unbedingt, denn sofern sie mit dem Elementar-Unterricht das Unterrichtsziel der höheren Mädchenschulen verbinden, denen die Ertheilung des Elementar-Unterrichts in den unteren Klassen als Grundlage der Ausbildung für den höheren Unterricht nicht verwehrt werden kann, müssen sie zugelassen werden, und das Gesetz ist leicht dadurch zu umgehen, daß diese Genossenschaften höhere Mädchenschulen errichten, und auch schulpflichtige Mädchen, welche nur die unteren Klassen durchmachen wollen, aufnehmen, um sie nach Durchlaufung derselben aus der Schule zu entlassen.

Was die früheren, das Gesetz vom 31. Mai 1875 abändernden gesetzlichen Vorschriften betrifft, so ist durch §. 1

1. zunächst der Art. 6 Abs. 3 des Gesetzes vom 14. Juli 1880:

> „Der Krankenpflege im Sinne des Gesetzes vom 31. Mai 1875 ist die Pflege und Ueberwachung von Blinden, Tauben, Stummen und Idioten, sowie von gefallenen Frauenspersonen gleichgestellt“.

erübrigt, denn alle diese Thätigkeiten gehören zur Uebung der christlichen Nächstenliebe, und sind also in dem §. 1 Art. 5 begriffen.

2. Der Artikel 13 des Gesetzes vom 21. Mai 1886 hatte die Minister des Innern und der geistlichen Angelegenheiten ermächtigt, den bestehen-

den Niederlassungen der männlichen und weiblichen Genossenschaften widerruflich zu gestatten, als Nebenthätigkeit die Pflege und Leitung in Waisenanstalten, Armen- und Pfründnerhäusern, Rettungsanstalten, Asylen und Schutzanstalten, Arbeiterherbergen, Mägdehäusern, sowie die Leitung und Unterweisung in Haushaltungsschulen und Handarbeitsschulen zu übernehmen, K.G. 1886 S. 71, 72. Alle diese Thätigkeiten fallen bis auf die letzterwähnte, die Leitung und Unterweisung in Haushaltungs- und Handarbeitsschulen, ebenfalls unter die Uebung der christlichen Nächstenliebe. Alle Orden und Kongregationen, deren Zweck in diesen Thätigkeiten besteht, sind also jetzt ohne Weiteres und unwiderruflich zugelassen, d. h. insoweit ist der Artikel 13 abgeändert.

Es fragt sich aber, ob dies auch der Fall in Betreff derjenigen ist, welche sich der Leitung und Unterweisung in Haushaltungs- und Handarbeitsschulen widmen, und dieselbe Frage tritt mit Rücksicht auf den Abs. 1 des Art. 6 des Gesetzes vom 14. Juli 1880 hervor, welcher den gedachten Ministern eine gleiche Befugniß hinsichtlich der Gestattung der Uebernahme der Pflege und Unterweisung von Kindern in nicht schulpflichtigem Alter gewährt hatte, K.G. 1886 S. 106.

Beide Fragen werden — in den Verhandlungen der Häuser des Landtages sind sie gar nicht zur Sprache gebracht — verneint werden müssen.

Das Gesetz bemißt die Wiederzulassung der geistlichen Genossenschaften nach ihrer Thätigkeit als solcher, an und für sich betrachtet, nicht nach dem Charakter, welchen diese in Verbindung mit anderen hinzutretenden Momenten annehmen kann. Die erwähnten Thätigkeiten gehören an sich dem Gebiete der Erziehung und des Unterrichts an. Uebung der christlichen Nächstenliebe sind sie als solche nicht, ebensowenig wie sich die Aushülfe in der Seelsorge als solche darstellt. Wie diese aber z. B. bei Epidemieen ein Werk christlicher Nächstenliebe sein kann, wird darunter auch die Pflege und Unterweisung kleiner Kinder in besonderen Fällen, z. B. wenn es sich um verkommene Kinder armer und sittlich verwahrloster Eltern handelt, begriffen werden können. Da dieses Moment indessen immer ein zufälliges bleibt, kann es nicht als entscheidendes in Betracht kommen.

**Art. 5 §. 2.** Nach §. 2 sind in Betreff der einzelnen Niederlassungen der wieder zugelassenen Orden die bereits bestehenden Bestimmungen anzuwenden:

1. Wenn schon die Orden und ordensähnlichen Kongregationen als solche gesetzlich wieder zugelassen sind, dürfen sie doch nicht ohne Genehmigung des Ministers des Innern und des Ministers der geistlichen Angelegenheiten Niederlassungen errichten. Das Gesetz vom 31. Mai 1875, welches alle Genossenschaften bis auf die krankenpflegenden ausgeschlossen hatte, konnte für die Errichtung von neuen Niederlassungen keine Vorschriften aufweisen, da es in dem durch Art. 5 §. 1 nunmehr abgeänderten §. 1 die Errichtung solcher untersagte. Wohl aber hat der Art. 6 des Gesetzes vom 14. Juli 1880 den gedachten Ministern die Ermächtigung ertheilt, den bestehen gebliebenen krankenpflegenden Genossenschaften die Errichtung neuer Niederlassungen zu gestatten, also die Neu-Errichtung von der Genehmigung der Minister abhängig gemacht. Dieser Grundsatz muß nunmehr auf alle neuen Niederlassungen der wieder

zugelassenen Genossenschaften Anwendung finden. Vgl. auch Kommiss.-Ber. S. 24 und stenogr. Ber. S. 161.

Ausreichend sind dadurch die Rechte des Staates nicht gewahrt. Denn obgleich der Bischof Dr. **Kopp**, stenogr. Ber. S. 158, geäußert hat, daß die Orden und ordensähnlichen Kongregationen nur in den einzelnen Niederlassungen existent sind, so ist dies, worauf der Kultusminister, allerdings ohne Erfolg, schon hingewiesen hat, a. a. O. S. 161, soweit es sich um die preußische Monarchie handelt, nicht richtig, denn die betreffenden Genossenschaften können auch in derselben durch Mitglieder, welche im Auslande, z. B. in Niederlassungen an der Grenze, residiren, ihre Ordensthätigkeit ausüben, und wenn diese einer nicht wieder gesetzlich zugelassenen Genossenschaft angehören, so bleibt der Regierung blos, sofern Ausländer in Frage kommen, das Mittel der Ausweisung übrig.

2. Ergiebt sich aus §. 2 des Gesetzes vom 31. Mai 1875 und Art. 6 des Gesetzes vom 14. Juli 1880, daß die neu errichteten Niederlassungen der Aufsicht des Staates in demselben Umfange, wie die früher nicht beseitigten oder schon früher zugelassenen unterstehen.

3. In Folge des cit. §. 2 dürfen sie daher über die ursprünglich bei der Genehmigung der Niederlassung gestattete Zahl hinaus nur mit Erlaubniß der erwähnten Minister neue Mitglieder aufnehmen. Es bleibt übrigens abzuwarten, ob von diesen auch unter den jetzt veränderten Umständen, welche eine Ueberfluthung der Monarchie durch Ordensangehörige in einem früher ausgeschlossenen Umfange gestatten, die Cirk.-Verf. vom 27. Januar 1887, M. Bl. f. d. i. V. S. 18, welche unter Vorbehalt des Widerrufs ohne Weiteres die Aufnahme von volljährigen, reichsangehörigen Personen ein für alle Mal gestattet und m. E. insofern mit dem Gesetz unvereinbar erscheint, als dadurch in Wirklichkeit auf die gesetzlich vorgeschriebene Genehmigung verzichtet ist, aufrecht erhalten werden wird.

4. Endlich können die Niederlassungen jeder Zeit nach dem cit. §. 2 durch Königliche Verordnung aufgehoben werden.

**Art. 5 §. 3** ertheilt den beiden aufsichtführenden Ministern die näher bezeichnete Ermächtigung. Daß sie in Folge dessen die Genehmigung auch widerruflich ertheilen können, wird, weil auch die Versagung in ihr Ermessen gestellt ist, keinem Zweifel unterliegen können.

Was die besonders hervorgehobene Ausbildung von Missionaren für den Dienst im Auslande betrifft, so muß darauf aufmerksam gemacht werden, daß sich als solches auch rechtlich die deutschen Schutzgebiete darstellen, da sie nicht dem deutschen Reich inkorporirt, also nicht Reichsinland sind, **Pann**, Das Recht d. deutsch. Schutzherrlichkeit, Wien 1887, S. 23, 25, 43, 66.

Art. 5 §. 4. Dieser §. 4 verdankt einem im Herrenhause gestellten Amendement seine Entstehung, Kom.-Ber. S. 31. Durch die nach dem Gesetze vom 31. Mai 1875 erfolgte Aufhebung der Niederlassungen von geistlichen Genossenschaften waren, sofern diese Korporationsrechte besaßen, auch die letzteren beseitigt, also die bisherigen Rechtssubjekte des Vermögens derselben vernichtet. Deshalb hatte der §. 4 a. a. O. angeordnet, daß die Staatsbehörden das etwaige Vermögen in Verwahrung und Verwaltung nehmen sollten, P. **Hinschius**, Preuß. Kirchenrecht S. 451.

Mit der Neu-Errichtung einer früher aufgelösten Niederlassung erhält diese nicht ohne Weiteres die Korporationsrechte und ihr Vermögen wieder. Das letztere ist ihr vielmehr nach §. 4 erst dann zurück zu geben, wenn sie Korporationsrechte „besitzt", d. h. diese wieder erhalten hat. Dazu bedarf es nach Art. 13 der Verf.Urk. v. 31. Januar 1850 eines besonderen Gesetzes, so die herrschende Ansicht, vgl. P. Hinschius, Die Orden und Kongregationen der kath. Kirche in Preußen, Berlin 1874, S. 110 und die Citate bei Meurer, der Begriff und Eigenthümer d. h. Sachen 2, S. 25 (welcher freilich seinerseits auf Grund einer nicht richtigen Umdeutung des Art. 13 entgegengesetzter Meinung ist).

Außerdem ist aber erforderlich, daß die Niederlassung, d. h. der dazu legitimirte Vorstand in rechtsverbindlicher Weise, also im Gebiete des preuß. A.L.R. jedenfalls schriftlich, die Verpflichtung zur Unterhaltung der Mitglieder der aufgelösten Niederlassungen übernommen hat. Damit und mit der demnächst erfolgenden Ueberweisung des Vermögens ist die frühere Verpflichtung des Staates, diese Mitglieder aus dem betreffenden Vermögen, welche überhaupt keine civilrechtliche war, P. Hinschius, preuß. Kirchenrecht S. 453, erloschen. Endlich kann den Niederlassungen auch schon, ehe die gedachten Bedingungen erfüllt sind, die Nutznießung ihres Vermögens durch die aufsichtsführenden Minister gestattet werden. Dies wird aber nur in der Form der Ueberweisung der Revenüen, nach Abzug der zum Unterhalt der früheren Mitglieder erforderlichen Beträge, geschehen können, nicht in der Ueberlassung der Substanz. Denn ein Rechtssubjekt bildet die Niederlassung vor der Erlangung der Korporationsrechte nicht und, falls die Ertheilung der Korporationsrechte verweigert werden sollte, würde das Vermögen blos von denjenigen Mitgliedern der Niederlassung, welchen etwa die Substanz überlassen worden wäre, zurückgefordert werden können, also gar keine Garantie für die thatsächliche Wiedererlangung desselben bestehen.

## Artikel 6.

Die §§. 4 bis 19 des Gesetzes über die Verwaltung erledigter katholischer Bisthümer vom 20. Mai 1874 (Gesetz-Samml. S. 135) werden aufgehoben.

Art. 6. Dieser Artikel, welcher auf einem Amendement des Bischofs Dr. Kopp beruht, läßt von dem Gesetze v. 20. Mai 1874 nur die Bestimmungen bestehen, daß in einem erledigten katholischen Bisthum die mit dem bischöflichen Amte verbundenen Rechte und geistlichen Verrichtungen, so weit sie nicht die Güterverwaltung betreffen (und soweit nicht ein staatlich anerkannter Bischof in der erledigten Diöcese einzelne Weihehandlungen vornimmt, Ges. v. 11. Juli 1883 Art. 4), vgl. auch Hinschius, preuß. Kirchenrecht S. 489, blos ausgeübt werden dürfen, wenn der betreffende Geistliche (praktisch kommt vor Allem der Capitular-Vikar in Frage, Hinschius a. a. O. S. 486)

1. dem zuständigen Oberpräsidenten von der Absicht, die gedachten Rechte auszuüben, unter Angabe des Umfanges derselben schriftliche Mittheilung macht, dabei den ihm ertheilten kirchlichen Auftrag darthut, sowie den Nachweis führt, daß er die deutsche Reichsangehörigkeit und die vorgeschriebene Vorbildung besitzt oder durch das Staatsministerium

von diesem letzteren Erforderniß dispensirt ist (K.G. 1886 S. 66, 103) und endlich, sofern er nicht auch davon durch das Staatsministerium dispensirt ist, sich bereit erklärt, sich eidlich zu verpflichten, dem Könige treu und gehorsam zu sein, sowie die Gesetze des Staates zu befolgen;

2. daß der Ober-Präsident innerhalb 10 Tagen nach Empfang der Mittheilung gegen die beanspruchte Ausübung der erwähnten Rechte Einspruch nach Maßgabe des §. 16 des Gesetzes v. 11. Mai 1873 (nunmehr in der o. S. 10 besprochenen Fassung) zu erheben berechtigt ist;

3. daß, wenn kein Einspruch erhoben oder der Einspruch von dem Kultusminister verworfen worden ist, die erwähnte eidliche Verpflichtung, sofern keine Dispensation davon stattgehabt hat, zu erfolgen hat, sowie endlich

4. daß erst nach Abgabe der letzteren oder bei bewilligter Dispensation ohne diese die bischöflichen Rechte und Funktionen ausgeübt werden können;

5. daß alle diese Vorschriften Anwendung finden, gleichviel ob es sich um einen Erzbischof oder Fürstbischof oder einen bloßen Bischof und deren Stühle handelt, und gleichviel ob die Befugnisse in dem bischöflichen Amte als solchem enthalten sind oder auf einer (päpstlichen) Delegation beruhen, K.G. 1886 S. 105.

Alle übrigen Vorschriften des Gesetzes und damit alle bisher dem Staate zustehenden Zwangsmittel zur Herbeiführung der Befolgung der aufrecht erhaltenen Bestimmungen sind beseitigt. Dahin gehört die kriminalgerichtliche Bestrafung derjenigen, welche die gedachten Befugnisse gesetzwidrig ausüben, und derjenigen Geistlichen, welche im Auftrage eines gesetzwidrig amtirenden Verwesers Amtshandlungen vornehmen, ferner das Recht des Staates, in einem solchen Falle und in den anderen §§. 6—8 bezeichneten Fällen das dem bischöflichen Stuhle gehörige oder unter Verwaltung desselben stehende Vermögen in Beschlag zu nehmen und der Verwaltung eines staatlichen Kommissars zu unterstellen. Endlich sind auch die Vorschriften über das Nothbesetzungsrecht der Patrone und Gemeinden (über die Anstellung der sog. Staatspfarrer), welches nach dem Gesetze v. 31. Mai 1882 Art. 4 nicht mehr ausgeübt werden durfte, nunmehr definitiv aufgehoben.

Nur ein Punkt bedarf noch besonderer Besprechung. Der beseitigte §. 4 enthielt auch die Vorschrift: „Die (von dem gesetzwidrig amtirenden Verweser) vorgenommenen Handlungen sind ohne rechtliche Wirkung". Durch die Aufhebung des §. sind die erwähnten Handlungen nicht für gültig und rechtswirksam erklärt. Es ist nur die die Richtigkeit ausdrücklich klarstellende Vorschrift entfallen. Ob die Handlungen rechtswirksam sind oder nicht, darüber entscheiden jetzt die allgemeinen Rechtsgrundsätze. Von diesem Standpunkte aus muß noch immer Nichtigkeit behauptet werden. Für den Staat steht nach den §§. 1—3 des citirten Gesetzes derjenige, welcher staatsgesetzwidrig amtirt, einer Person gleich, welche überhaupt keine Amtshandlungen der fraglichen Art vorzunehmen berechtigt ist. Wie die Handlungen einer solchen vom Standpunkte des Staates aus keine amtlichen und keine rechtswirksamen Handlungen, also nichtig sind, ebenso verhält es sich auch mit denen eines gesetzwidrig fungirenden Verwesers. Dazu kommt endlich, daß, wenn man sich auf den entgegengesetzten Standpunkt stellt, die aufrechterhaltenen §§. 1—3 jedwede Bedeutung verlieren, weil ihre Nichtbeachtung gar keine rechtlichen Folgen nach sich ziehen würde.

Uebersehen worden ist endlich bei der Aufhebung der Vorschriften der §§. 6—19 des gedachten Gesetzes, daß auch das Gesetz, betr. die Befugniß der Kommissarien für die bischöfliche Vermögensverwaltung in den erledigten Diözesen, Zwangsmittel anzuwenden, v. 13. Februar 1878 (G. S. 87), hätte aufgehoben werden sollen. Dasselbe ist bedeutunglos geworden, weil Kommissare der gedachten Art nicht mehr bestellt werden können, aber gerade deshalb wäre es korrekter gewesen, es zu beseitigen, als formell bestehen zu lassen.

III.

# Ueberſicht

über

## die durch die Geſetze, betreffend Abänderungen der kirchenpolitiſchen Geſetze vom 14. Juli 1880, vom 31. Mai 1882, vom 11. Juli 1883, vom 21. Mai 1886 und vom 29. April 1887 bewirkten Abänderungen.

### 1. Geſetz über die Vorbildung und Anſtellung der Geiſtlichen vom 11. Mai 1873.

(G.S. S. 191.)

Wir Wilhelm, von Gottes Gnaden König von Preußen ꝛc. verordnen, mit Zuſtimmung beider Häuſer des Landtages, für den Umfang der Monarchie, einſchließlich des Jadegebietes, was folgt:

#### I. Allgemeine Beſtimmungen.

§. 1. Ein geiſtliches Amt darf in einer der chriſtlichen Kirchen nur einem Deutſchen übertragen werden, welcher ſeine wiſſenſchaftliche Vorbildung nach den Vorſchriften dieſes Geſetzes dargethan hat und bei dessen Anstellung die Vorschriften dieses Gesetzes über die Anzeigepflicht der geistlichen Oberen und über das Einspruchsrecht der Staatsregierung beobachtet sind[1]).

§ 2. Die Vorſchriften des §. 1. kommen vorbehaltlich der Beſtimmungen in den folgenden Abſätzen zur Anwendung, gleichviel, ob das Amt dauernd oder widerruflich übertragen werden oder nur eine Stellvertretung oder Hülfsleiſtung in demſelben ſtatthaben ſoll.

Ausländern kann auch, ohne daß die Vorſchriften des §. 1. beobachtet ſind, die Vornahme von geiſtlichen Amtshandlungen durch den Miniſter der geiſtlichen Angelegenheiten geſtattet werden. Die Grundſätze, nach welchen dies zu geſchehen hat, ſind vom Staatsminiſterium mit Königlicher Genehmigung feſtzuſtellen[2]).

Die Anzeigepflicht der geistlichen Oberen und[3]) das Einſpruchsrecht der Staatsregierung findet keine Anwendung:

---

[1]) S. Geſ. v. 29. April 1887 Art. 2 §. 1, o. S. 7.

[2]) S. Geſ. v. 31. Mai 1882 Art. 3 Abſ. 2, P. Hinſchius, preuß. Kirchenrecht S. 507.

[3]) S. Anm. 1.

1) bei der Uebertragung von Seelsorge-Aemtern, deren Inhaber unbedingt abberufen werden können,
2) bei der Uebertragung von Pfarrämtern, welche nicht dauernd erfolgt[4]),
3) bei der Anordnung einer Hülfsleistung oder Stellvertretung in einem geistlichen Amte[5]),
4) wenn eine geistliche Amtshandlung von einem gesetzmäßig angestellten Geistlichen in dem Bezirk eines anderen besetzten oder erledigten geistlichen Amtes vorgenommen wird, ohne daß dieser dabei die Absicht bekundet, dort ein geistliches Amt zu übernehmen[6]). Die mit der Stellvertretung oder Hülfsleistung in einem geistlichen Amte gesetzmäßig beauftragten Geistlichen gelten auch nach Erledigung dieses Amts als gesetzmäßig angestellte Geistliche im Sinne des ersten Satzes der Nummer 3[7]).

Die Anzeigepflicht besteht nur für die dauernde Uebertragung von Pfarrämtern und die Uebertragung von geistlichen Aemtern und Stellungen, welche nicht unter die im Absatz 3. dieses §. aufgezählten fallen[8]).

§. 3. Die Vorschriften des §. 1. (und des §. 2. Absatz 3 und 4[9])) kommen vorbehaltlich der Bestimmungen des §. 26., auch zur Anwendung, wenn einem bereits im Amte (§. 2.) stehenden Geistlichen ein anderes geistliches Amt, übertragen oder eine widerrufliche Anstellung in eine dauernde verwandelt werden soll.

## II. Vorbildung zum geistlichen Amte.

§. 4. Zur Bekleidung eines geistlichen Amts ist die Ablegung der Entlassungsprüfung auf einem Deutschen Gymnasium, die Zurücklegung eines dreijährigen theologischen Studiums auf einer Deutschen Staats-Universität — —[10]) erforderlich.

§. 5. Der Minister der geistlichen Angelegenheiten ist ermächtigt, mit Rücksicht auf ein vorangegangenes anderes Universitätsstudium, als das der Theologie, oder mit Rücksicht auf ein an einer außerdeutschen Staats-Universität zurückgelegtes Studium, oder mit Rücksicht auf einen sonstigen, besonderen

---

[4]) S. Anm. 1.

[5]) Zu Nr. 3 und 4 s. Ges. v. 11. Juli 1883 Art. 1, a. a. O. S. 90 f. u. Ges. v. 29. April 1887 Art. 2 §. 1, o. S. 8.

[6]) S. G. v. 14. Juli 1880 Art. 5, Abs. 1, Preuß. Kirchenrecht S. 502.

[7]) S. das cit. Ges. Art. 5 Abs. 2, Preuß. Kirchenrecht S. 503.

[8]) Ges. v. 29. April 1887 Art. 2 §. 1, o. S. 9. Fortgefallen ist die Schlußbestimmung des §. 2 lautend: Ist Gefahr im Verzuge, so kann eine Stellvertretung oder Hülfeleistung einstweilen und vorbehaltlich des Einspruchs der Staatsregierung angeordnet werden".

[9]) S. Anm. 1.

[10]) Die an Stelle der Lücke im Gesetze befindlichen Worte: „sowie die Ablegung einer wissenschaftlichen Staatsprüfung" sind durch Ges. v. 21. Mai 1886 Art. 1 beseitigt, s. K. G. 1886 S. 5 ff.

Bildungsgang von dem vorgeschriebenen dreijährigen Studium an einer Deutschen Staats-Universität einen angemessenen Zeitraum zu erlassen.

Außerdem ist der im Absatz 1. bezeichnete Minister ermächtigt, nach den vom Staatsministerium mit Königlicher Genehmigung festgestellten Grundsätzen von den Erfordernissen des §. 4 zu dispensiren[11]).

§. 6.[12]) Das theologische Studium kann auch an den zur wissenschaftlichen Vorbildung der Geistlichen geeigneten kirchlichen Seminaren, welche bis zum Jahre 1873 bestanden haben, und an denjenigen, welche die Bischöfe von Osnabrück und Limburg in ihren Diözesen zu errichten und zu unterhalten berechtigt sind[13]), zurückgelegt werden.

Zur Eröffnung der Seminare in Osnabrück und Limburg[14]) und zur Wiedereröffnung der übrigen, sowie zur Fortführung aller dieser Anstalten sind

1) dem Minister der geistlichen Angelegenheiten die Statuten und der Lehrplan einzureichen und die Namen der Leiter und Lehrer, welche Deutsche sein müssen, mitzutheilen;
2) ist der Lehrplan dem Universitätslehrplan gleichartig zu gestalten;
3) es ist zur Anstellung an diesen Anstalten die wissenschaftliche Befähigung erforderlich, an einer deutschen Staatsuniversität in der Disziplin zu lehren, für welche die Anstellung erfolgt[15]).

— — — — — — — — — — — — — — — — — — — — — — —

Der Minister der geistlichen Angelegenheiten macht die zur wissenschaftlichen Vorbildung geeigneten Seminare öffentlich bekannt.

---

[11]) Vgl. Ges. v. 31. Mai 1882 Art. 3 Abs. 2, s. K. G. 1886 S. 6 und P. Hinschius, preuß. Kirchenrecht S. 507.

[12]) Ges. v. 21. Mai 1886 Art. 2, s. K. G. 1886 S. 8. Der dadurch beseitigte §. 6. lautete: „Das theologische Studium kann in den bei Verkündigung dieses Gesetzes in Preußen bestehenden, zur wissenschaftlichen Vorbildung der Theologen bestimmten kirchlichen Seminaren zurückgelegt werden, wenn der Minister der geistlichen Angelegenheiten anerkennt, daß dieses Studium das Universitätsstudium zu ersetzen geeignet sei.

Diese Vorschrift findet jedoch nur auf die Seminare an denjenigen Orten Anwendung, an welchen sich keine theologische Fakultät befindet, und gilt nur für diejenigen Studirenden, welche dem Sprengel angehören, für den das Seminar errichtet ist.

Die im ersten Absatz erwähnte Anerkennung darf nicht verweigert werden, wenn die Einrichtung der Anstalt den Bestimmungen dieses Gesetzes entspricht und der Minister der geistlichen Angelegenheiten den Lehrplan derselben genehmigt".

[13]) S. Ges. v. 29. April 1887 Art. 1 §. 1, o. S. 5.

[14]) S. Ges. v. 29. April 1887 Art. 1 §. 1, Abs. 2.

[15]) Durch das Ges. v. 29. April 1887 Art. 1 §. 2 ist hier die Vorschrift des Ges. v. 21. Mai 1886 Art. 2 Abs. 4: „Diese Seminare sind nur für diejenigen Studirenden bestimmt, welche dem Sprengel angehören, für den das Seminar errichtet ist. Hiervon kann jedoch der Minister der geistlichen Angelegenheiten Ausnahmen gestatten", entfallen.

Die Wiedereröffnung der Seminare für die Erzdiözese Gnesen-Posen und die Diözese Kulm wird durch Königliche Verordnung bestimmt.

§. 7. **Während des vorgeschriebenen Universitätsstudiums dürfen die Studirenden einem kirchlichen Seminare nicht angehören.**

§. 8. (Aufgehoben)[16].

§. 8a.[17]) Die kirchlichen Oberen sind befugt, Konvikte für Zöglinge, welche Gymnasien, Universitäten und kirchliche Seminare, hinsichtlich deren die gesetzlichen Voraussetzungen für den Ersatz der Universitätsstudiums erfüllt sind, besuchen, zu errichten und zu unterhalten.

Dem Minister der geistlichen Angelegenheiten sind die für diese Konvikte geltenden Statuten und die auf die Hausordnung bezüglichen Vorschriften einzureichen, sowie die Namen der Leiter und Erzieher, welche Deutsche sein müssen, mitzutheilen.

§. 8b.[18]) Die kirchlichen Oberen sind befugt, die zur theologisch-praktischen Vorbildung bestimmten Anstalten (Prediger- und Priesterseminare) wieder zu eröffnen.

Dem Minister der geistlichen Angelegenheiten sind die Statuten dieser Anstalten und die für dieselben geltende Hausordnung einzureichen, sowie die Namen der Leiter und Lehrer, welche Deutsche sein müssen, mitzutheilen.

§. 9. Alle kirchlichen Anstalten, welche der Vorbildung der Geistlichen dienen (Knabenseminare, Klerikalseminare, Prediger- und Priesterseminare, Konvikte ꝛc.), stehen unter der Aufsicht des Staats[19]).

Die Hausordnung und das Reglement über die Disziplin in den nicht von den §§. 6., 8a. und 8b. betroffenen[20]) Anstalten, der Lehrplan der Knabenseminare — — — — — — —[21]), sind dem Oberpräsidenten der Provinz von dem Vorsteher der Anstalt vorzulegen.

Die in Abs. 2 bezeichneten Anstalten unterliegen der Revision durch Kommissarien, welche der Oberpräsident ernennt.

---

[16]) Durch Ges. v. 21. Mai 1886 Art. 1, s. K. G. 1886 S. 5. Der §. lautete: „Die Staatsprüfung hat nach zurückgelegtem theologischen Studium statt. Zu derselben darf nur zugelassen werden, wer den Vorschriften dieses Gesetzes über die Gymnasialbildung und theologische Vorbildung vollständig genügt hat.

Die Prüfung ist öffentlich und wird darauf gerichtet, ob der Kandidat sich die für seinen Beruf erforderliche allgemeine wissenschaftliche Bildung, insbesondere auf dem Gebiete der Philosophie, der Geschichte und der Deutschen Literatur erworben habe.

Der Minister der geistlichen Angelegenheiten trifft die näheren Anordnungen über die Prüfung".

[17]) Nach dem cit. Ges. Art. 3 eingeschaltet, s. K. G. 1886 S. 15.

[18]) Art 4 a. a. O., s. K. G. 1886 S. 19.

[19]) Vgl. Art. 5 a. a. O. und K. G. 1886 S. 22.

[20]) D. h. in den Knabenseminaren und in anderen als den seit dem Inkrafttreten des Ges. v. 21. Mai 1886 wieder eröffneten Priester- und Prediger-Seminaren, s. K. G. 1886 S. 18. 20. 22 und o. S. 4. 5.

[21]) Hier müssen in Folge der Art. 2, 3 und 5 des citirten Gesetzes die ursprünglichen Worte: „und Knabenkonvikte, sowie derjenigen Seminare, für welche die in §. 6. bezeichnete Anerkennung ertheilt ist", wegfallen.

§. 10. An den im Absatz 2 des §. 9.[22]) gedachten Anstalten darf als Lehrer oder zur Wahrnehmung der Disziplin nur ein Deutscher angestellt werden, welcher seine wissenschaftliche Befähigung nach Vorschrift des §. 11. dargethan hat und gegen dessen Anstellung kein Einspruch von der Staatsregierung erhoben worden ist.

Die Vorschriften des §. 2. Absatz 1. und §. 3. finden entsprechende Anwendung, jedoch ist der Minister der geistlichen Angelegenheiten ermächtigt, nach den vom Staatsministerium mit Königlicher Genehmigung festgestellten Grundsätzen Ausländern die Ausübung der im Absatz 1. bezeichneten Aemter zu gestatten[23]).

§. 11. Zur Anstellung an einem Knabenseminare — — — — — — —[24]) ist die Befähigung zur entsprechenden Anstellung an einem Preußischen Gymnasium — — — —[25]) erforderlich — — — —[26]).

Der Minister der geistlichen Angelegenheiten ist ermächtigt, nach den vom Staatsministerium mit Königlicher Genehmigung festgestellten Grundsätzen von dem Erfordernisse des Absatzes 1. zu dispensiren[27]).

Kleriker und Predigtamts-Kandidaten müssen die für Geistliche vorgeschriebene Vorbildung besitzen.

Dieselbe genügt zur Anstellung an den zur theologisch-praktischen Vorbildung bestimmten Anstalten, auf welche §. 8b. keine Anwendung findet[28]).

§. 12. Für die Erhebung des Einspruchs gegen die Anstellung an den im §. 9. Abs. 2. bezeichneten Anstalten[29]) finden die Bestimmungen entsprechende Anwendung, welche die Erhebung des Einspruchs gegen die Anstellung von Geistlichen regeln (§§. 15—17.).

§. 13. Werden die in den §§. 9—11. enthaltenen Vorschriften oder die getroffenen Anordnungen[30]) der Staatsbehörden nicht befolgt, so ist der Minister der geistlichen Angelegenheiten ermächtigt, bis zur Befolgung die der Anstalt gewidmeten Staatsmittel einzubehalten oder die Anstalt zu schließen.

Unter der angegebenen Voraussetzung und bis zu dem bezeichneten Zeit-

---

[22]) Der ursprüngliche Wortlaut war: „vorstehenden Paragraphen" s. vor. Anm.

[23]) Vgl. Ges. v. 31. Mai 1882 Art. 3 Abs. 2.

[24]) Die ursprünglichen Worte: „oder Knabenkonvikte" fallen fort, s. Anm. 17.

[25]) Hier müssen die Worte „zur Anstellung an einer für die theologische wissenschaftliche Vorbildung bestimmten Anstalt die Befähigung" gestrichen werden, s. Art. 2 des Gesetzes v. 21. Mai 1886 und oben §. 6.

[26]) An dieser Stelle fallen die Worte: „an einer Deutschen Staats-Universität in der Disziplin zu lehren, für welche die Anstellung erfolgt" aus, s. vor. Anm.

[27]) S. Gesetz v. 31. Mai 1882 Art. 3 Abs. 2.

[28]) Zusatz auf Grund des Artikels 5 des Ges. v. 21. Mai 1886; s. Anm. 19 und 20.

[29]) Anm. 19.

[30]) D. h. also in Betreff der in Anm. 20 erwähnten Anstalten.

punkte können Zöglinge der Knabenseminare — — —[31]) von dem Besuche der Gymnasien und von der Entlassungsprüfung ausgeschlossen[32]) werden. Diese Anordnungen stehen dem Minister der geistlichen Angelegenheiten zu.

[33]) Nach Errichtung eines Königlichen Gerichtshofes für die kirchlichen Angelegenheiten kann über die Gesetzmäßigkeit der nach diesem Paragraphen getroffenen Anordnungen und Verfügungen innerhalb 30 Tagen bei dem gedachten Gerichtshofe Berufung eingelegt werden. Durch Einlegung derselben wird die Vollstreckung der angefochtenen Anordnung oder Verfügung nicht aufgehalten. Der Gerichtshof kann jedoch bestimmen, daß bis zur endgültigen Entscheidung die Vollstreckung unterbleibe.

§. 14. Knabenseminare — — —[34]) (§. 9.) dürfen nicht mehr errichtet und in die bestehenden Anstalten dieser Art neue Zöglinge nicht mehr aufgenommen werden.

Im Falle der Aufnahme neuer Zöglinge ist der Minister der geistlichen Angelegenheiten zur Schließung der betreffenden Anstalt befugt.

## III. Anstellung von Geistlichen.

§. 15. Die geistlichen Oberen sind verpflichtet, denjenigen Kandidaten, dem ein geistliches Amt übertragen werden soll, soweit nicht im §. 2. Ausnahmen gemacht sind[35]), dem Oberpräsidenten unter Bezeichnung des Amtes zu benennen.

Dasselbe gilt bei Versetzung eines Geistlichen in ein anderes geistliches Amt oder bei Umwandlung einer widerruflichen Anstellung in eine dauernde.

Innerhalb dreißig Tagen nach der Benennung kann Einspruch gegen die Anstellung erhoben werden, wenn es sich dabei um eine dauernde Uebertragung eines Pfarramtes handelt[36]).

Die Erhebung des Einspruchs steht dem Oberpräsidenten zu.

§. 16. Der Einspruch ist zulässig:

1) wenn dem Anzustellenden die gesetzlichen Erfordernisse zur Bekleidung des geistlichen Amtes fehlen[37]).
2) wenn der Anzustellende aus einem auf Thatsachen beruhenden Grunde, welcher dem bürgerlichen oder staatsbürgerlichen Gebiete angehört, für die Stelle nicht geeignet ist[38]).

---

[31]) Die ursprünglichen Worte: „und Knabenkonvikte" sind durch Art 3 des Gesetzes vom 21. Mai 1886, s. oben §. 8a, beseitigt.

[32]) Hier entfallen die Worte: „und den im §. 6. erwähnten Anstalten die ertheilte Anerkennung entzogen werden", s. Anm. 12.

[33]) Dieser Absatz ist thatsächlich suspendirt, s. K. G. 1886 S. 65, 66.

[34]) S. über die fortgefallenen Worte „und Knabenkonvikte" Anm. 24.

[35]) S. o. Anm. 3 ff. und o. S. 8 ff.

[36]) Ges. v. 29. April 1887 Art. 2 §. 1 Abs. 2. s. o. S. 8 ff.

[37]) S. o. S. 8. 11.

[38]) So nach dem Ges. v. 29. April 1887 Art. 2 §. 2 Abs. 1. Dadurch sind die ursprünglichen Vorschriften des Gesetzes beseitigt. Sie lauteten: „2. wenn der Anzustellende wegen eines Verbrechens oder Vergehens, welches

Die Thatsachen, welche den Einspruch begründen, sind anzugeben[39]).

— — —[40])

§. 17. Die Uebertragung eines geistlichen Amtes, welche den Vorschriften der §§. 1. bis 3. zuwiderläuft, oder welche vor Ablauf der im §. 15. für die Erhebung des Einspruchs gewährten Frist erfolgt, gilt als nicht geschehen.

§. 18. Jedes Pfarramt ist innerhalb eines Jahres vom Tage der Erledigung, wo gesetzlich oder observanzmäßig ein Gnadenjahr besteht, vom Tage der Erledigung der Pfründe an gerechnet, dauernd zu besetzen. Die Frist ist vom Oberpräsidenten im Falle des Bedürfnisses auf Antrag angemessen zu verlängern.

— — —[41])

§. 19. Die Errichtung von Seelsorgeämtern, deren Inhaber unbedingt abberufen werden dürfen, ist nur mit Genehmigung des Ministers der geistlichen Angelegenheiten zulässig.

— — —[42])

§. 20. Anordnungen oder Vereinbarungen, welche die durch das Gesetz begründete Klagbarkeit der aus dem geistlichen Amtsverhältnisse entspringenden vermögensrechtlichen Ansprüche ausschließen oder beschränken, sind nur mit Genehmigung der Staatsbehörde zulässig.

§. 21. Die Verurtheilung zur Zuchthausstrafe, die Aberkennung der bürgerlichen Ehrenrechte und der Fähigkeit zur Bekleidung öffentlicher Aemter

---

das Deutsche Strafgesetzbuch mit Zuchthaus oder mit Verlust der bürgerlichen Ehrenrechte oder mit dem Verluste der öffentlichen Aemter bedroht, verurtheilt ist oder sich in Untersuchung befindet; 3) wenn gegen den Anzustellenden Thatsachen vorliegen, welche die Annahme rechtfertigen, daß derselbe den Staatsgesetzen, oder den innerhalb ihrer gesetzlichen Zuständigkeit erlassenen Anordnungen der Obrigkeit entgegenwirken oder den öffentlichen Frieden stören werde".

[39]) Diese Vorschrift ist durch Gesetz v. 29. April 1887 Art. 2 §. 2 Abs. 2 aufrecht erhalten.

[40]) Ges. v. 11. Juli 1883 Art. 2, wodurch die beiden letzten Absätze des §. lautend: „Gegen die Einspruchserklärung kann innerhalb 30 Tagen bei dem Königlichen Gerichtshofe für die kirchlichen Angelegenheiten und, so lange dessen Einsetzung nicht erfolgt ist, bei dem Minister der geistlichen Angelegenheiten Berufung eingelegt werden.

Die Entscheidung ist endgültig".

beseitigt sind.

[41]) Durch Ges. v. 29. April 1887 Art. 2 §. 3. sind die beiden letzten Absätze des §. 18 weggefallen. Sie lauteten: „Nach Ablauf der Frist ist der Oberpräsident befugt, die Wiederbesetzung der Stelle durch Geldstrafen bis zum Betrage von 1000 Thalern zu erzwingen. Die Androhung und Festsetzung der Strafe darf wiederholt werden, bis dem Gesetze genügt ist.

Außerdem ist der Minister der geistlichen Angelegenheiten ermächtigt, bis dahin Staatsmittel einzubehalten, welche zur Unterhaltung der Stelle oder desjenigen geistlichen Oberen dienen, der das Pfarramt zu besetzen oder die Besetzung zu genehmigen hat".

[42]) Der zweite Absatz lautend: „Die Bestimmungen des §. 18. beziehen sich auch auf die sogenannten Sukkursal-Pfarreien des Französischen Rechts mit der Maßgabe, daß die in Absatz 1. des §. 18. vorgeschriebene Frist vom Tage der Publikation dieses Gesetzes an zu laufen beginnt", ist aufgehoben. S. vor. Anm.

hat — — — — —[43]) die Unfähigkeit zur Ausübung des geistlichen Amtes und den Verlust des Amtseinkommens zur Folge.

## IV. Strafbestimmungen.

§. 22. Ein geistlicher Oberer, welcher den §§. 1. bis 3. zuwider ein geistliches Amt überträgt oder die Uebertragung genehmigt, wird mit Geldstrafe von 200 bis zu 1000 Thalern bestraft.

Dieselbe Strafe trifft denjenigen, welcher der Vorschrift des §. 19. Abs. 1. zuwiderhandelt.

§. 23. Wer geistliche Amtshandlungen in einem Amte vornimmt, welches ihm den Vorschriften der §§. 1. bis 3. zuwider übertragen worden ist, wird mit Geldstrafe bis zu 100 Thalern bestraft.

— — —[44])

Der Strafbestimmung des Abs. 1. unterliegen geistliche Amtshandlungen nicht, welche gesetzmäßig angestellte Geistliche in Bezirken anderer geistlicher Aemter, gleichviel ob dieselben besetzt sind oder nicht, vornehmen, ohne dabei die Absicht zu bekunden, dort ein geistliches Amt zu übernehmen, ebensowenig solche geistliche Amtshandlungen, welche von den mit der Stellvertretung oder Hülfsleistung in einem geistlichen Amte gesetzmäßig beauftragten Geistlichen nach Erledigung des letzteren innerhalb der Grenzen ihres Auftrages vorgenommen werden[45]).

Den Strafbestimmungen des Abs. 1. unterliegt nicht die Abhaltung von Messen und die Spendung der Sakramente[46]). Vorstehende Bestimmung findet auch Anwendung auf Mitglieder von Orden und ordensähnlichen Kongregationen, sofern dieselben für das Gebiet der Preussischen Monarchie zugelassen sind, ohne dass dadurch die Vorschrift des Artikels 15 des Gesetzes vom 21. Mai 1886, nach welcher den Strafbestimmungen des Abs. 1. das Lesen stiller Messen und das Spenden der Sterbesakramente nicht unterliegt, berührt wird[47]).

§. 24. Wer geistliche Amtshandlungen, abgesehen von den im §. 23. Abs. 3. gedachten, vornimmt, nachdem er in Folge gerichtlichen Strafurtheils die Fähigkeit zur Ausübung des geistlichen Amtes verloren hat (§. 21.), wird mit Geldstrafe bis zu 100 Thalern bestraft.

---

[43]) Die ursprünglichen hier stehenden Worte: „die Erledigung der Stelle" sind durch Art. 2 §. 4. des Ges. v. 29. April 1887 entfallen.

[44]) Durch die Beseitigung des §. 18 Abs. 2 u. §. 19 Abs. 2 ist hier der Absatz 2: „Dieselbe Strafe trifft denjenigen, der geistliche Amtshandlungen in einem von ihm nicht dauernd verwalteten Pfarramte vornimmt, nachdem er von dem Oberpräsidenten benachrichtigt worden ist, daß das Zwangsverfahren Behufs Wiederbesetzung der Stelle in Gemäßheit der Vorschrift in §. 18. Abs. 2. eingeleitet sei", entfallen. S. Anm. 41 u. 42.

[45]) Ges. v. 14. Juli 1880, Art. 5; preuß. Kirchenrecht S. 502 und Ges. v. 11. Juli 1883, s. a. a. O. S. 93.

[46]) Ges. v. 29. April 1887. Art. 2 §. 5 Abs. 1.

[47]) Cit. Ges. Art. 2 §. 5 Abs. 2 u. 3; K. G. 1886 S. 82 ff. und o. S. 13 ff.

### V. Uebergangs- und Schlußbestimmungen.

§. 25. Ausländer, welchen vor Verkündung dieses Gesetzes ein geistliches Amt (§. 2.) oder eines der im §. 10. erwähnten Aemter an kirchlichen Anstalten übertragen worden ist, haben bei Vermeidung der Folgen des §. 21 innerhalb sechs Monaten die Reichsangehörigkeit zu erwerben.

Der Minister der geistlichen Angelegenheiten kann mit Rücksicht auf die besonderen Bedürfnisse des einzelnen Falles diesen Zeitraum verlängern.

§. 26. Die Vorschriften dieses Gesetzes über den Nachweis wissenschaftlicher Vorbildung und Befähigung finden keine Anwendung auf Personen, welche vor Verkündung dieses Gesetzes im geistlichen Amte angestellt sind oder die Fähigkeit zur Anstellung im geistlichen Amte erlangt haben.

Außerdem ist der Minister der geistlichen Angelegenheiten ermächtigt, denjenigen Personen, welche vor Verkündung dieses Gesetzes in ihrer Vorbildung zum geistlichen Amte vorgeschritten waren, den in diesem Gesetze vorgeschriebenen Nachweis der Vorbildung ganz oder theilweise zu erlassen.

Der Minister der geistlichen Angelegenheiten ist auch ermächtigt, Ausländer von den Erfordernissen des §. 4. dieses Gesetzes zu dispensiren.

§. 27. (Beseitigt)[48].

§. 28. Die Vorschriften dieses Gesetzes über das Einspruchsrecht des Staats (§§. 1. 3. 10. 12. 15. und 16.) finden in den Fällen keine Anwendung, in welchen die Anstellung durch Behörden erfolgt, deren Mitglieder sämmtlich vom Könige ernannt werden.

§. 29. Soweit die Mitwirkung des Staats bei Besetzung geistlicher Aemter auf Grund des Patronats oder besonderer Rechtstitel anderweit geregelt ist, behält es dabei sein Bewenden.

Desgleichen werden die bestehenden Rechte des Staats bezüglich der Anstellung von Geistlichen beim Militair und an öffentlichen Anstalten durch das vorliegende Gesetz nicht berührt.

§. 30. Der Minister der geistlichen Angelegenheiten ist mit der Ausführung dieses Gesetzes beauftragt.

Urkundlich rc.

## 2. Gesetz wegen Deklaration rc. des Gesetzes vom 11. Mai 1873. über die Vorbildung rc.

Vom 21. Mai 1874.

(G.S. S. 139.)

Wir Wilhelm, von Gottes Gnaden König von Preußen rc. verordnen, mit Zustimmung beider Häuser des Landtages Unserer Monarchie, zur Deklaration und Ergänzung des Gesetzes über die Vorbildung und Anstellung der Geistlichen vom 11. Mai 1873., was folgt:

---

[48]) Durch Ges. v. 21. Mai 1886 Art. 1, s. K. G. 1886 o. S. 6. Der §. 27 lautete: „Die in den §§. 4. und 8. dieses Gesetzes vorgeschriebene Staatsprüfung kann mit der theologischen Prüfung verbunden werden, insofern die Einrichtung dieser letzteren Prüfung und die Bildung der Prüfungskom-

Art. 1. Das Gesetz vom 11. Mai 1873. wird dahin deklarirt, daß die Uebertragung eines geistlichen Amtes, sowie die Genehmigung einer solchen Uebertragung auch dann den Vorschriften der §§. 1. bis 3. des Gesetzes zuwider sind, wenn dieselben ohne die im §. 15. daselbst vorgeschriebene Benennung des Kandidaten oder vor dieser Benennung oder vor Ablauf der im §. 15. für die Erhebung des Einspruchs gewährten Frist erfolgen.

Art. 2. Die Strafe des §. 23. des Gesetzes vom 11. Mai 1873. trifft einen jeden Geistlichen, welcher abgesehen von der Abhaltung von Messen und von der Spendung von Sakramenten, sofern er aber als Mitglied einem nicht in der Preussischen Monarchie zugelassenen Orden oder einer solchen ordensähnlichen Kongregation angehört, allein abgesehen von dem Lesen stiller Messen und dem Spenden der Sterbesakramente[1]) Amtshandlungen vornimmt, ohne den Nachweis führen zu können, daß er zu einem hierzu ermächtigenden Amte oder zur Stellvertretung oder zur Hülfsleistung in einem solchen Amte unter Beobachtung der §§. 1. bis 3. des benannten Gesetzes berufen worden sei.

Der im Absatz 1. geforderte Nachweis gilt in Betreff derjenigen Geistlichen, welche nach Erledigung eines geistlichen Amtes Amtshandlungen innerhalb des Amtssprengels desselben vorgenommen haben als erbracht, wenn sie dargethan, daß sie mit einer dazu ermächtigenden Stellvertretung oder Hülfeleistung in dem Amte vor Erledigung desselben gesetzmäßig beauftragt waren.

Die Bestimmung des Absatzes 1. findet keine Anwendung auf gesetzmäßig angestellte Geistliche, welche in den Bezirken anderer geistlicher Aemter, gleichviel ob dieselben erledigt sind oder nicht, geistliche Amtshandlungen vornehmen, ohne dabei die Absicht zu bekunden, dort ein geistliches Amt zu übernehmen[2]).

## 3. Gesetz über die kirchliche Disziplinargewalt und die Errichtung des königlichen Gerichtshofes für kirchliche Angelegenheiten.

Vom 12. Mai 1873.

Vgl. den Abdruck in K.G. 1886. S. 95. Es ist in Folge des Art. 3. des Ges. v. 29. April 1887 nur der S. 97 abgedruckte §. 7 fortgefallen, also zu streichen. S. auch o. S. 16.

---

missionen Behörden zusteht, deren Mitglieder sämmtlich oder theilweise vom Könige ernannt werden".

[1]) Einschaltung nach Art. 15 des Ges. v. 21. Mai 1886 u. Art. 2 §. 5 des Ges. v. 29. April 1887, s. K. G. 1886 S. 82 u. o. S. 13 ff.

[2]) Vgl. Ges. v. 14. Juli 1880 Art. 5 und Ges. v. 11. Juli 1883 Art. 3.

## 4. Gesetz über die Grenzen des Rechts zum Gebrauche kirchlicher Straf- und Zuchtmittel.

Vom 13. Mai 1873.

(G.S. S. 205.)

Vgl. den Abdruck K.G. 1886 S. 101. Durch Art. 4 des Ges. v. 29. April 1887 sind alle §§. desselben, bis auf §. 1. fortgefallen, also §§. 2 bis 6 zu streichen. Vgl. auch o. S. 16.

## 5. Gesetz über die Verwaltung erledigter katholischer Bisthümer.

Vom 20. Mai 1874.

(G.S. S. 135.)

Vgl. den Abdruck K.G., 1886 S. 102. Durch Art. 6 des Ges. v. 29. April 1887 sind von diesem Gesetz nur aufrecht erhalten §§. 1 bis 3 und §§. 20, 21. Die §§. 4 bis 19 sind also zu streichen. S. o. S. 22.

## 6. Gesetz, betreffend die geistlichen Orden und ordensähnlichen Kongregationen der katholischen Kirche.

Vom 31. Mai 1875.

(G.S. S. 217.)

Wir Wilhelm 2c. verordnen, mit Zustimmung beider Häuser des Landtages, für den Umfang der Monarchie, was folgt:

§. 1. Alle Orden und ordensähnlichen Kongregationen der katholischen Kirche sind vorbehaltlich der Bestimmung des §. 2. von dem Gebiete der Preußischen Monarchie ausgeschlossen.

Die Errichtung von Niederlassungen derselben mit Ausnahme der in §. 2. vorgesehenen Fälle [1]) ist untersagt.

Die zur Zeit bestehenden Niederlassungen dürfen vom Tage der Verkündung dieses Gesetzes ab neue Mitglieder, unbeschadet der Vorschrift des §. 2., nicht aufnehmen und sind binnen sechs Monaten aufzulösen. Der Minister der geistlichen Angelegenheiten ist ermächtigt, diese Frist für Niederlassungen, welche sich mit dem Unterricht und der Erziehung der Jugend beschäftigen, um für deren Ersatz durch anderweite Anstalten und Einrichtungen Zeit zu lassen, bis auf vier Jahre zu verlängern. Zu gleichem Behufe kann derselbe auch nach Ablauf dieses Zeitraums einzelnen Mitgliedern von Orden und ordensähnlichen Kongregationen die Befugniß gewähren, Unterricht zu ertheilen.

§. 2. Niederlassungen der Orden oder ordensähnlichen Kongregationen, welche sich ausschließlich der Krankenpflege widmen, bleiben fortbestehen.

[1]) S. Ges. v. 11. Juli 1880 Art. 6, Ges. v. 21. Mai 1886 Art. 13 u. Ges. v. 29. April 1887 Art. 5 §. 1.

Auch werden vom Tage des Inkrafttretens des Gesetzes vom 29. April 1887 ab alle diejenigen Genossenschaften der im §. 1. gedachten Art wieder zugelassen, welche am Tage des Inkrafttretens dieses Gesetzes[2]) in der Preussischen Monarchie bestanden haben, und sich a) der Aushülfe in der Seelsorge, b) der Uebung der christlichen Nächstenliebe, c) dem Unterrichte und der Erziehung der weiblichen Jugend in höheren Mädchenschulen und gleichartigen Erziehungsanstalten widmen, oder d) solche sind, deren Mitglieder ein beschauliches Leben führen[3]).

Die Minister des Innern und der geistlichen Angelegenheiten sind ermächtigt, den im Abs. 1. u. Abs. 2. gedachten Genossenschaften die Errichtung neuer Niederlassungen zu gestatten[4]).

Die im Absatz 3 bezeichneten Minister sind ermächtigt, den bestehenden, sowie den wieder zuzulassenden Orden und Kongregationen die Ausbildung von Missionaren für den Dienst im Auslande, sowie zu diesem Behufe die Errichtung von Niederlassungen zu gestatten[5]).

Den nach Abs. 1. und Abs. 2. fortbestehenden oder zugelassenen Niederlassungen können die bezeichneten Minister widerruflich gestatten, die Pflege und Unterweisung von Kindern, welche sich noch nicht im schulpflichtigen Alter befinden[6]), sowie die Leitung und Unterweisung in Haushaltungsschulen und Handarbeitsschulen für Kinder in dem gedachten Alter[7]) als Nebenthätigkeit zu übernehmen.

Die fortbestehenden oder neu zugelassenen Niederlassungen[8]) können jeder Zeit durch Königliche Verordnung aufgehoben werden; bis dahin sind die bezeichneten Minister ermächtigt, ihnen die Aufnahme neuer Mitglieder zu gestatten.

§. 3. Die fortbestehenden und neu zugelassenen[9]) Niederlassungen der Orden und ordensähnlichen Kongregationen sind der Aufsicht des Staates unterworfen.

§. 4. Das Vermögen der aufgelösten Niederlassungen der Orden und ordensähnlichen Kongregationen unterliegt nicht der Einziehung durch den Staat. Die Staatsbehörden haben dasselbe einstweilen in Verwahrung und Verwaltung zu nehmen.

---

[2]) D. h. am 3. Juni 1875, G.S. S. 217, s. auch o. S. 18.

[3]) Einschaltung auf Grund des Art. 5 §. 1. des Ges. v. 29. April 1887.

[4]) Vgl. Ges. v. 11. Juli 1880 Art. 6 und Ges. v. 29. April 1887 Art. 5 §. 2, s. auch o. S. 19.

[5]) Ges. v. 29. April 1887 Art. 5 §. 3.

[6]) Ges. v. 14. Juli 1880 Art. 6 und Ges. v. 29. April 1887 Art 5 §. 2, s. o. S. 20.

[7]) Ges. v. 21. Mai 1886 Art. 13, K. G. 1886 S. 71, s. auch o. S. 20.

[8]) S. Ges. v. 14. Juli 1880 Art. 6 und Ges. v. 29. April 1887, Art. 5 §. 2, s. auch o. S. 21.

[9]) S. vor. Anm.

Der mit der Verwaltung beauftragte Kommissarius ist nur der vorgesetzten Behörde verantwortlich; die von ihm zu legende Rechnung unterliegt der Revision der Königlichen Oberrechnungskammer in Gemäßheit der Vorschrift des §. 10. Nr. 2. des Gesetzes vom 27. März 1872. Eine anderweite Verantwortung oder Rechnungslegung findet nicht statt.

Aus dem Vermögen werden die Mitglieder der aufgelösten Niederlassungen unterhalten. Die weitere Verwendung bleibt, soweit nicht der folgende Absatz zutrifft, gesetzlicher Bestimmung vorbehalten.

Den wieder errichteten Niederlassungen der nach §. 2. Abs. 2. zugelassenen Orden und ordensähnlichen Kongregationen wird das in Abs. 1. dieses §. bezeichnete Vermögen zurückgegeben, sobald dieselben Korporationsrechte besitzen und in rechtsverbindlicher Weise die Verpflichtung zur Unterhaltung der Mitglieder der aufgelösten Niederlassungen übernommen haben. Schon vor der Erfüllung dieser Voraussetzungen kann denselben die Nutzniessung dieses Vermögens gestattet werden [10]).

§. 5. Dieses Gesetz tritt am Tage seiner Verkündung in Kraft.

Die Minister des Innern und der geistlichen Angelegenheiten sind mit der Ausführung desselben beauftragt.

Dieselben haben insbesondere die näheren Bestimmungen über die Ausübung der Staatsaufsicht im Falle des §. 3. zu erlassen.

Urkundlich ꝛc.

---

[10]) Ges. v. 29. April 1887 Art. 5 §. 4, s. auch o. S. 21. 22.

FSC
www.fsc.org
MIX
Papier | Fördert
gute Waldnutzung
FSC® C083411

Kolibri 360 GmbH
Ferdinand-Jühlke-Straße 7
99095 Erfurt, Deutschland
produktsicherheit@kolibri360.de